Paris ce 24 avril 1824

Rep. le 28.

a joindre à la brochure de M. Laffitte [illegible]

Monsieur [illegible]

[illegible] M. Laffitte, je croyais y trouver de la simplicité, de la bonne foi, la conviction, et je suis trouvé dans une suite de 176 pages que [illegible]

[illegible]

la compagnie nous, [illegible]

[illegible] à Londres, à Naples, à Madrid [illegible]

avoir tenu à la compagnie [illegible]

[illegible] 60 Millions, [illegible]

cette compagnie [illegible] perte de 560 Millions [illegible]

[illegible] beaucoup plus importante sur la banque de Londres, Vienne, Pétersbourg, Naples &c. car comme ces messieurs jouent sur toutes les places, [illegible] les Rentes, la hausse et la baisse [illegible] même mouvement — quelle compagnie [illegible] semblable différence? quel homme [illegible] à la France? qui répondra [illegible] compagnie que l'on propose à la France? que valent des hommes dont la fortune est [illegible]?

[illegible] deux cent fois engagé sur toutes les places [illegible]
[illegible] un estafette sur le globe sans être frappés de terreur
[illegible] que la france s'abandonne, [illegible]
[illegible] qui peuvent produire les
circonstances. [illegible] l'opération [illegible]
pour l'angleterre, [illegible] au dessous de la [illegible]
pour [illegible] de l'[illegible] commencerez par vivre
de [illegible] prétentions, ensuite vous accorderez la [illegible]
de toute la france [illegible] ayant été livrée [illegible]
vous êtes donc de tous côtés et de toutes les manières, à la disposition
de ces [illegible], qui prendront bientôt tout ce que vous voudrez
[illegible] qu'il faudra [illegible]
[illegible] partout et nulle part.
J'ai [illegible] que vous avez l'intention de répondre à cette
brochure [illegible] M. Laffitte [illegible]
[illegible] au sujet de votre compensation de
l'abbé [illegible] qu'il vous donne le droit de
[illegible] l'obligation que
[illegible] par votre discours à la [illegible]
[illegible]

[illegible]

Votre très humble serviteur
[illegible]

[illegible] cette lettre

74

ROUEN

Monsieur

monsieur

le comte Stanislas de Girardin,

au Chateau D'Ermenonville

Par Dammartin

Seine et Marne

RÉFLEXIONS

SUR LA

RÉDUCTION DE LA RENTE,

ET SUR L'ÉTAT DU CRÉDIT.

IMPRIMERIE DE FIRMIN DIDOT,
RUE JACOB, N° 24.

RÉFLEXIONS

SUR LA

RÉDUCTION DE LA RENTE,

ET SUR L'ÉTAT DU CRÉDIT.

PAR JACQUES LAFFITTE.

PARIS,
GALERIE DE BOSSANGE PÈRE,
LIBRAIRE DE S. A. S. MONSEIGNEUR LE DUC D'ORLÉANS,
RUE DE RICHELIEU, N° 60.

1824.

DISCOURS PRÉLIMINAIRE.

Les progrès du crédit ayant porté la rente au-dessus du pair, le ministère, éclairé par l'exemple d'un pays voisin, a cru le moment favorable pour réduire l'intérêt de la dette publique. Son projet consistait à obtenir cette réduction ou des créanciers eux-mêmes, ou d'autres créanciers moins exigeants, qu'il aurait substitués aux premiers, par le moyen d'un nouvel emprunt. Il fallait, pour cette grande opération, le concours des banquiers français et européens; le gouvernement leur a fait un appel; je me suis empressé d'y répondre, et je l'ai fait parce que j'ai cru l'opération légale, équitable, éminemment utile à la France, et tout-à-fait honorable pour ceux qui la seconderaient de leur concours.

Un simple coup d'œil jeté sur l'étendue du pays suffisait pour convaincre tout esprit juste de l'urgence de la mesure proposée. On voit en effet quelques places de commerce et quelques provinces qui ont participé au mouvement industriel de notre époque, et où les capitaux abondent et se donnent au prix le plus modique; mais tout le reste du sol, livré à l'ignorance, à la routine, à l'indigence, est dévoré par l'usure, et se trouve fort en arrière de la France qu'on peut appeler civilisée. Pour rendre générale la révolution opérée sur quelques points, la réduction de la rente était un moyen puissant. Elle devait faire baisser l'intérêt dans nos provinces, y porter des capitaux, et, avec le secours des capitaux, y pratiquer des moyens de communication, y faire naître des établissements industriels, y réveiller le travail, et mettre en valeur toute la population et toute la surface de la France. Elle devait en outre nous procurer le moyen de produire à un prix infiniment moindre, et par conséquent de nous présenter avec bien plus d'avantages dans les marchés des deux mondes.

En considérant l'état de nos finances, la mesure proposée avait encore beaucoup d'autres avantages : elle achevait notre système du crédit en y ajoutant le système des réductions; elle diminuait ce prix exorbitant que nous donnons aux capitaux étrangers, à peine payés à 3 $\frac{1}{2}$ chez eux, et à 5 chez nous ; elle limitait le crédit sans l'attaquer, l'asseyait sur de meilleures bases, celles de la confiance au lieu du haut prix, et obligeait les capitaux à exiger plus de conduite de la part du gouvernement, en recevant moins d'intérêt. En la considérant enfin sous le rapport politique, elle assurait la paix de l'Europe, en interdisant toute guerre à la France pendant plusieurs années. Elle offrait donc utilité générale et relative; elle était un véritable progrès pour la civilisation française, un pas fait dans la carrière où les Anglais ont devancé le monde, et où les peuples doivent les suivre, et trouver la prospérité, les lumières et la liberté.

Tout le monde n'en a pas jugé ainsi. On a imputé à cette mesure de graves inconvénients, et aux yeux de beaucoup d'hommes, c'en était un bien grave que le ministère duquel elle émanait. Pour moi, je ne puis être de cet avis. Peu importe le système d'un ministère, quand il s'agit du bien matériel du pays. Il faut s'y prêter avec empressement, ce bien fût-il incomplet, fût-il mélangé de quelque mal! J'ai toujours regardé le bien matériel comme le moins problématique, comme le plus à notre portée, comme le moins traversé par les gouvernements; et j'ai toujours pensé que lorsque tous les autres nous étaient presque impossibles, il fallait nous replier sur celui-là. On ne peut donner la liberté à un pays? qu'on lui donne la fortune, qui le rendra bientôt plus éclairé, meilleur et libre. Les gouvernements l'accepteront toujours, par l'appât de la richesse, et seront bientôt surpris en voyant que tout développement des hommes, quel qu'il soit, conduit à leur affranchissement.

Tels sont les principes d'après lesquels j'ai toujours agi. Le système du crédit m'avait paru l'un des grands perfectionnements du mécanisme social, et je me suis efforcé de contribuer à son établissement, sans songer s'il servaitune cause, une opinion, ou un ministère; il servait le pays, et c'était assez pour moi. La France toujours vive, toujours prompte, le repoussa d'abord; mais avec son heureuse facilité à saisir tout ce qui est vrai, elle y est revenue bientôt, et aujourd'hui elle en admire la puissance et les heureux effets.

La réduction de la rente complément de ce système, est repoussée à son tour, comme l'avait été le système lui-même. Qu'importe? il faut bien souffrir l'opposition contre ce qui n'est pas connu encore. Avec un peu de persévérance et de courage à contrarier l'opinion, on l'aura bientôt ramenée. Le moment de la première humeur est passé; les intérêts se calment; un intervalle nous est laissé entre les deux sessions pour nous entendre sur ce grave sujet; et c'est un devoir pour tous ceux qui ont un avis, de l'émettre et d'en donner les motifs. Je m'en suis formé un, non pas sans doute exempt d'erreur, mais fondé sur une expérience de quarante années; et quoique j'aie toujours gardé le silence sur les questions politiques, j'ai pensé que je devais fournir mon tribut d'observations sur des questions qui ont fait l'occupation de toute ma vie. Je vais donc présenter quelques réflexions sur le système du crédit, et sur la réduction qui en était la suite. Je tâcherai d'être bref; mais la partie économique du gouvernement est devenue assez importante aujourd'hui, pour qu'on veuille bien lui consacrer quelques moments.

Je n'ai pas besoin de dire que mon projet

n'est pas de répondre à toutes les interprétations données à ma conduite. Je n'ai ni le devoir, ni le goût d'une justification; cependant, je ne suis pas insensible à l'opinion des hommes éclairés et équitables : si ceux-là parviennent à se convaincre que l'opération proposée était juste, utile et grande, ils m'approuveront sans doute d'y avoir concouru; et cette approbation est ce que j'ambitionne le plus, après le succès de la vérité.

RÉFLEXIONS

SUR LA

RÉDUCTION DE LA RENTE.

Du crédit public, de son établissement et de sa nature.

La réduction de la rente n'est qu'un accident du crédit, elle n'est qu'un fait d'un système qui est l'objet de grandes controverses. Je crois donc qu'il faut dire d'abord comment je conçois ce système lui-même, avant de m'occuper de l'une des questions qui s'y rattachent.

L'œuvre universelle de la production, au moyen de laquelle l'homme existe et pourvoit à tous ses besoins, se compose de deux éléments, les *capitaux* et le *travail. Les capitaux* consistent dans tous les objets avec lesquels, et sur lesquels, s'exerce le travail de l'homme, tels que la terre, les matières à ouvrer, les machines, les outils, le numéraire qui sert à l'échange de toutes ces choses, et ne forme cependant qu'une petite partie d'entre elles, quoiqu'il les représente toutes alternativement : *le travail* consiste dans l'exercice des facultés de l'homme sur tous ces objets, soit qu'il fasse usage de ses bras ou de son intelligence.

Les capitaux n'appartiennent pas toujours à ceux qui les emploient; au contraire, ceux qui les possèdent, et que vulgairement on appelle *riches*, tendent à ne pas les employer eux-mêmes, et à les prêter à ceux qui sont forcés au travail, à condition d'avoir une part du produit, au moyen de laquelle ils puissent vivre dans le repos. Ce prêt fait par ceux qui ont les capitaux, à ceux qui n'ont que leurs facultés, et dans l'espérance que l'œuvre sera assez prospère pour que les capitaux soient conversés, et payés selon le service qu'ils ont rendu, ce prêt constitue le phénomène du *crédit*. Plus l'espérance de recouvrer les capitaux et la part du produit à laquelle ils ont droit est grande, plus le prêt se fait volontiers et facilement, plus il y a *crédit*, c'est-à-dire, plus on croit à l'avenir promis. Or, toute l'œuvre sociale dépend entièrement du crédit, car les capitaux se trouvant toujours dans les mains de ceux qui *peuvent* ne plus travailler, et ne se trouvant pas encore dans les mains de ceux qui le *doivent*, il faut que les premiers les prêtent aux seconds, sans quoi la production serait impossible; et l'humanité, partagée entre ceux qui n'ont que leurs bras et leur intelligence, et ceux qui ont la matière première et les instrumens, demeurerait inactive, et périrait de tous les genres de besoins.

C'est pourquoi l'on entend dire, pour exprimer un état prospère, que *la confiance règne, que le crédit est grand.* Lorsque en effet la paix est rétablie dans le monde, lorsque les routes du commerce sont ouvertes, et que le génie humain peut s'exercer librement, le travail est suivi de succès; le succès lui vaut la confiance, et la confiance lui procure les capitaux dont il a besoin. Les petits capitalistes prêtent aux banquiers; les banquiers prêtent à leur tour aux commerçants, aux manufacturiers; l'action devient plus rapide, la masse des produits plus considérable, et le prix demandé pour le prêt des capitaux diminue par deux raisons : la première, c'est que le travail étant accompagné de succès, on se confie davantage à lui ; la seconde, c'est que la somme générale des capitaux s'augmente, et que toujours l'abondance des choses amène la diminution de leur valeur.

Ce phénomène du crédit varie avec les temps et les lieux. Dans les campagnes et les petites villes, où le travail peu éclairé, peu hardi, se livre à une routinière exploitation des champs, ou à quelque vieille industrie héréditaire, les capitaux timides et rares ne se confient qu'à haut prix. Ainsi dans certains bourgs des Alpes et de l'Auvergne, le laboureur qui veut remplacer une paire de bœufs paiera le capital nécessaire à 11 ou 12 pour %. Dans les places, au contraire, livrées à toute l'activité et la hardiesse du travail heureux, à Paris, Lille, Lyon, Marseille, Bordeaux, Nantes, Rouen, l'intérêt du commerce est entre 3 ½ et 4 p. %.

C'est dans les lieux où règnent l'abondance et la confiance, que le génie trouve l'occasion de se développer, parce que les capitaux s'empressant vers lui, se prêtent à toutes ses conjectures, se prodiguent à des machines dont l'action est encore incertaine, à des voyages dont le terme est encore inconnu. C'est là le crédit à son plus haut degré, le crédit tel qu'il règne en Angleterre par l'effet d'une activité constante et non interrompue, dirigée par une administration éclairée et toute nationale ; tel enfin qu'il commence à se déployer en France par l'effet d'une révolution qui a mis en mouvement toutes les facultés humaines, et d'une paix qui n'a plus laissé aux individus d'autre moyen d'agrandissement personnel que l'industrie.

Cependant cet esprit hasardeux des capitaux provenant de leur confiance et de leur abondance, a dû les conduire à une dernière témérité, c'est de se livrer aux gouvernements; et dès ce jour le *crédit public* a été établi.

Les gouvernements ont aussi une œuvre à exécuter, œuvre immense, et pour laquelle les capitaux manquent plus souvent que pour toute autre. Il était impossible qu'ils ne songeassent pas à s'en procurer par la voie qu'emploient tous les producteurs ordinaires, celle *d'une promesse fondée sur l'avenir.* Il était encore impossible que les capitaux toujours plus faciles ne songeassent pas à se livrer aux gouvernements comme à tant d'autres ouvriers aussi hasardeux. On devait leur prêter comme on a prêté d'abord à l'agriculteur, puis avec un peu plus de hardiesse au fabricant, puis avec un peu plus encore au commerçant, puis enfin au spéculateur le plus téméraire et le plus suspect. C'était donc là un effet inévitable de la marche des choses; et il ne faut pas médire de ce qui est nécessaire, mais l'observer avec attention pour en tirer la plus grande utilité possible.

Ces principes posés, réduisons le fait qui constitue le crédit public à sa plus simple expression.

Le gouvernement est chargé de faire pour chacun des individus composant la société, tout ce qu'ils ne peuvent pas faire eux-mêmes; il est chargé de rendre la justice, d'entretenir la police, de défendre les frontières, d'administrer, etc...... toutes choses indispensables au maintien de l'ordre, qui seul rend la production tranquille et possible. Pour faire cela, il faut au gouvernement des capitaux, c'est-à-dire, les frais d'existence pour des juges, des soldats, des administrateurs. Quand les contribuables qui l'ont chargé de cette œuvre ne peuvent pas lui fournir les capitaux qui seraient nécessaires, sans se priver de ceux qui sont indispensables à leur industrie personnelle, ou, en d'autres termes, quand ils ne peuvent pas suffire à toute l'étendue des impôts, l'état est chargé d'emprunter pour eux, comme il l'est de faire pour eux le travail de gouverner. Le crédit public consiste donc en ceci, que c'est l'état qui demande au nom de tous, et en masse, les capitaux que chaque contribuable serait obligé de se procurer lui-même, et avec son propre crédit, pour suffire à la fois et à son travail personnel, et au travail d'administrer qu'il a délégué à d'autres.

Il résulte de cette manière de procéder, que le gouvernement opérant au nom de tous, a un crédit que n'aurait pas chacun en particulier; qu'étant placé au centre de la société, et dans le principal marché des capitaux, il trouve au moindre prix, et avec la plus grande facilité, ce que le contribuable isolé dans les bourgs et les campagnes, n'ayant aucun crédit personnel, ne pourrait pas faire du tout, ou ne ferait qu'à des conditions presque insupportables. Le gouvernement opère en effet sur une place où les fonds valent de 3 à 4 pour $^{0}/_{0}$; or, les contribuables sont en grande partie dans des contrées où les fonds valent 8, 10, et 12 pour $^{0}/_{0}$: il y a donc dans l'opération collective, *possibilité* et *bon marché*, deux conditions qui n'existeraient pas pour l'opération individuelle.

L'état rend ainsi un véritable service, en ne prenant pas les capitaux aux contribuables, mais aux capitalistes eux-mêmes. Il rapproche les capitaux du travail, il contribue à la grande alliance entre les facultés humaines et la matière sur laquelle elles s'exercent, il produit une utilité, une véritable richesse, il crée enfin *une valeur*, et féconde l'avenir au lieu de le dévorer.

Cependant les gouvernements sont réputés des prodigues, des imprévoyants, ce qui ne les empêche pas d'obtenir une confiance que l'honnête cultivateur n'obtiendrait pas au fond de nos campagnes ; mais ils ne sont pas tous réputés prodigues, imprévoyants au même degré, et cette différence doit en apporter dans la facilité et la cherté du prêt. Voici donc comment est conçue la forme de leurs engagements.

Ils émettent des billets ou rentes portant

la mention d'un capital fixe, et d'un intérêt fixe aussi. C'est par exemple 100 fr. pour le capital, 5 fr. pour l'intérêt. Mais tandis qu'ils mentionnent le capital de 100 fr., comme s'ils l'avaient reçu en effet, ils n'ont touché en réalité qu'une somme beaucoup moindre, quelquefois 55, 64, 75, comme on l'a vu lors de nos premiers emprunts. Ceux qui ont acquis ces billets se les revendent entre eux, à des prix différents, suivant que la confiance s'est accrue ou diminuée; et tandis que le capital varie ainsi en apparence, c'est l'intérêt qui varie en réalité. En effet, quoique le titre porte invariablement 100 fr. de capital et 5 fr. d'intérêt, néanmoins si le capital réel, compté en échange du titre, est 50 fr., l'intérêt réel est à 10 pour %; si le capital est 75, l'intérêt réel est à 6 $\frac{2}{3}$ pour %.

L'état qui emprunte est ainsi dans la situation d'un négociant dont les effets circulent sur la place, et portent un plus ou moins grand intérêt, selon sa conduite et ses succès. Il s'établit de cette manière au centre de la société une somme de capitaux, rendant par leur mobilité un service immense à la circulation générale, augmentant ou diminuant suivant ce que le gouvernement donne à penser de lui, et le soumettant ainsi à l'opinion par le plus puissant des intérêts, celui de sa fortune.

Mais ce n'est pas tout que d'émettre des billets ou des rentes; il faut les retirer, et réaliser ainsi les valeurs futures qu'on a promises. Le contribuable, en gardant les capitaux que l'emprunt l'a dispensé de consacrer à l'impôt, a dû produire davantage. L'état lui demande une part annuelle dans cette augmentation de production, en observant toujours la précaution de ne pas prendre trop à la fois, et de diviser ainsi la charge d'années en années. Cette part, il l'accumule, la fait fructifier en joignant l'intérêt au capital, et il la prépare ainsi à égaler un jour ce qu'il a reçu et ce qu'il doit remplacer.

Cependant il fallait choisir la manière de faire valoir ce capital des économies. La plus simple et la plus naturelle était de le faire valoir dans les rentes. L'état absorbe ainsi une partie de son papier, il en élève la valeur en réalisant la promesse qu'il avait faite; enfin, en payant toujours l'intérêt de la rente recouvrée ou *amortie*, et en le joignant au capital pour acquérir encore de nouvelles rentes, il doit, grace au phénomène de *l'intérêt composé* ou de *l'emploi reproductif*, avoir égalé, en un tiers du temps ordinaire, la somme entière de la dette.

Sans doute cette réserve annuelle, laissée au contribuable et employée par lui *reproductivement*, aurait opéré dans ses mains le phénomène de l'intérêt composé. Mais le contribuable eût-il fait cette réserve? et s'il ne l'avait pas faite, n'aurait-il pas été écrasé le jour où on lui aurait demandé tout à la fois le remboursement de la dette? L'état par l'amortissement assure cette réserve annuelle, la fait valoir collectivement comme il a emprunté collectivement, opère ainsi un paiement progressif, et agit dans l'acquittement, comme dans l'emprunt, avec tous les avantages de la force d'association.

Tel est le système du crédit. C'est un emprunt de capitaux fait en masse, dans les grands marchés, avec un crédit suffisant, à un prix modéré ; cet emprunt est un rapprochement des capitaux et du travail, par conséquent une utilité, et une *création de valeurs*. Ces valeurs circulent, font les fonctions de capitaux, augmentent ou diminuent selon la bonne ou la mauvaise conduite du gouvernement, et l'obligent à bien faire penser de lui. Enfin un capital est prélevé tous les ans, il s'accumule, il fructifie dans le commerce des rentes, et en se les assimilant d'une manière progressive et périodique, il doit finir bientôt par les absorber toutes.

Ce système si simple, si grand, qui porte si bien les caractères d'un grand progrès dans le mécanisme social, est cependant l'objet de graves reproches.

Premièrement, on l'accuse de fournir des moyens de dépenses extraordinaires; et on semble voir tous les états menacés, comme l'Angleterre, de 19 milliards de dette.

Mais à cela je dirai d'abord, que jusqu'ici le gouvernement anglais a seul usé de ces moyens extraordinaires, et voici comment il s'est conduit : il n'a pas essayé de détruire les institutions du pays; il n'a pas fait une guerre qui ne fût éminemment nationale, et qui ne contribuât à procurer à son peuple, ou plus de commerce ou plus de puissance; après trente ans enfin d'une lutte opiniâtre, il a fait de ce peuple le plus riche, c'est-à-dire, le plus puissant de l'univers.

Est-il fâcheux qu'il ait pu se procurer 19 milliards pour un tel but?

S'il avait attaqué les institutions, s'il avait fait des guerres anti-nationales, aurait-il trouvé, je ne dirai pas de la confiance, mais de la richesse pour 19 milliards? Toutes les fois donc qu'on s'effraie de ces 19 milliards, il faut songer au but et au résultat.

Mais, ajoute-t-on, peu importe ce but et ce résultat; ces dettes énormes sont éternelles; l'amortissement n'est qu'une illusion; le gouvernement s'empare souvent du capital des économies, et la dette est reportée à toute sa valeur. L'accumulation des rentes est ainsi éternelle, et rend une partie de la population tributaire à tout jamais de l'autre: et lorsqu'un jour le tribut est devenu trop pesant, il ne reste que la banqueroute, c'est-à-dire, qu'une révolution.

La réponse à ces objections est facile.

Une fois on a abusé de l'amortissement en Angleterre, mais cet abus prétendu n'a été qu'une autre manière d'emprunter. Au lieu de s'adresser aux contribuables, on a puisé dans les économies; au lieu de créer de nouvelles rentes, on a remis en circulation les rentes amorties. Mais l'économie n'en avait pas moins été réelle, et la dette n'en avait pas moins été diminuée de tout ce qu'on avait remis en circulation, car ce qu'on remettait en circulation équivalait à ce qu'il aurait fallu emprunter. Enfin, parce que quelquefois on peut abuser du capital réservé, sa puissance continue et multiple, par l'effet de l'*intérêt composé*, ou de l'emploi reproductif, cesse-t-elle d'être réelle, et mathématiquement démontrée? N'est-il pas toujours vrai, qu'avec un capital annuel, et l'accumulation des intérêts, on peut absorber la dette en un tiers du temps ordinaire? et les espérances qu'on fonde sur ce moyen ne sont-elles pas justes?

Il n'y a sans doute point de miracles dans ce monde: aussi l'intérêt composé n'a rien d'étonnant; il n'exprime que la multiplication des richesses, chez une nation, quand il n'y a chez elle ni consommations inutiles, ni capitaux oisifs. Cette prudence que toute une nation ne peut s'imposer, le gouvernement l'applique à un capital, en employant toujours le revenu d'une manière utile. Mais ce n'est pas tout; la progression des richesses, quand le mouvement est donné à un peuple, est immense.

Elle est telle que le capital d'autrefois n'est rien auprès du capital d'aujourd'hui. Que serait, en effet, la dette du Régent, ou de l'abbé Terray, ou de Calonne, pour la France actuelle? Que seraient pour nous les 56 millions qui affectaient si douloureusement M. Necker? Le capital de la France ne s'est-il pas accru en peu de temps de plus de 10 milliards? Veut-on savoir ce que coûterait aujourd'hui, sur un seul point de la capitale, le terrain nu de l'habitation de quelques moines? 18 millions.

Si le gouvernement donc emprunte pour servir le développement de la richesse, et il ne peut pas emprunter long-temps pour un autre but, sans être réduit à l'impuissance d'obtenir des capitaux, il doit trouver amplement dans l'avenir de quoi couvrir tout le passé; il lui faut une seule précaution, celle de ne pas excéder cette multiplication de la richesse. Or, cette multiplication doit produire toujours deux résultats : la diminution de l'intérêt, c'est à dire, de la somme due par les contribuables aux rentiers; et la faculté d'augmenter le fonds d'amortissement.

L'issue est donc toute trouvée; et il n'est pas à craindre que l'accumulation des rentes amène le refus du tribut, et la banqueroute.

A tel jour fixe, à la vérité, on ne pourrait pas s'acquitter, si on le voulait; mais qu'importe? S'acquitter, c'est liquider; liquider, c'est se retirer des affaires: Or, une maison de commerce se retire, mais une nation ne se retire jamais.

Pour comprendre, enfin, comment et avec quelle rapidité la richesse paie les frais qu'elle a coûtés, il n'y a qu'à voir les faits eux-mêmes.

La dette de l'Angleterre était de 3 milliards en 1775; déja sa banqueroute était annoncée par les financiers du continent, et entre autres, par le grand Frédéric. La guerre de l'indépendance des États-Unis, et celle qu'elle a soutenue vingt ans contre nous, ont porté cette dette à 19 milliards. C'est donc 16 milliards qu'elle a empruntés en moins d'un demi-siècle; et chaque jour Napoléon, aussi incrédule que Frédéric, faisait prédire sa banqueroute et sa chute. Cependant, malgré ces prédictions, qu'est-il arrivé d'elle?... En 1814, séquestration du continent, papier monnaie, suspension de la banque, impôts écrasants, exportation du numéraire; le change à 35 pour % de perte!... et maintenant, le change au pair, le numéraire circulant dans les trois royaumes, 500 millions en réserve à la banque, une réduction de 550 millions dans les impôts (1), 150 millions à l'amortissement, un revenu de 1400 millions, la première industrie connue, le commerce du monde!..... Tel est le démenti que le crédit devait donner au génie de la force qui ne comprend pas le génie de la production!

On reproche encore au crédit de fournir à un mauvais gouvernement une puissance funeste, et des garanties de durée, parce que les capitalistes sont intéressés à son existence, comme des créanciers à celle de leur débiteur.

Je répondrai d'abord, que c'est une erreur de croire l'existence d'un mauvais gouvernement assurée par la dette: parce qu'aujourd'hui les dettes ne sont plus personnelles; parce que tout gouvernement en hérite; parce que l'intérêt de quelques rentiers ne peut empêcher l'explosion de l'intérêt général, quand la douleur est devenue assez grande pour faire réagir la nature humaine. Je répondrai que,

---

(1)		
	De 1821 à 1823.........	7,350,000 liv. sterlg.
	En 1824................	1,060,000
	Income tax.............	13,000,000
		21,410,000 liv. sterlg.

sans doute, le crédit est mauvais aux mains des gouvernements mauvais, mais que tout le devient dans leurs mains ; que les institutions les meilleures ne leur servent qu'à mal faire ; que l'opinion elle-même se déprave et devient une imposture ; que le gouvernement représentatif se change en moyen d'impunité ; que la prospérité publique, la richesse, les bonnes récoltes même ne servent qu'à nuire. Mais, je le demande, faut-il ou détruire ou arrêter tout cela? Le crédit public est-il plus coupable que les arts, les sciences, et le génie militaire qui servent à composer la puissance du despotisme, et à faire rétrograder l'Europe? Sans doute, s'il nous était possible de choisir, nous aurions dû désirer que la puissance du crédit fût réservée à ces jours où les nations libres ne l'emploieraient que pour elles ; mais tout ne s'arrange pas aussi nettement dans la nature, et il faut accepter chaque chose au moment où elle arrive. Au reste, ce crédit qui sert à commencer le mal, ne peut servir long-temps à le continuer. Le jour où le mal deviendrait réel, où il attaquerait les intérêts, on jugerait de la prétendue servilité du crédit.

On reproche enfin au crédit d'établir au sein

de l'état une région mobile, où le moindre événement produit des variations désastreuses, et où le jeu se livre aux plus déplorables excès.

A ce prix, il faudrait proscrire non pas le crédit public, mais le crédit privé lui-même. En effet, toute l'œuvre de la production est fondée sur l'opinion que les capitalistes ont des travailleurs; au moindre péril, cette opinion s'alarme, la confiance cesse, et l'œuvre sociale tout entière est interrompue. A la suite de ce mal, vient aussitôt celui du jeu, et tout le commerce joue sur la hausse et la baisse des marchandises. Il faudrait donc tout abolir pour empêcher de tels inconvénients!

Ces variations sont plus sensibles à la Bourse, il est vrai; mais cela même leur procure un avantage : celui de mettre le gouvernement à découvert, et de rendre l'état de son pouls évident pour tout le monde. On y joue, sans doute; mais pour empêcher le jeu, il faudrait détruire le hasard dans la nature. Tant qu'il y aura des existences oisives de tout âge, de tout sexe, de tout état, dans une grande capitale, il y aura du jeu; c'est-à-dire que ne voulant rien faire, mais voulant changer de situation, on s'exposera à perdre, pour s'exposer aussi à gagner. Tant qu'on n'aura pas absorbé, en l'occupant, toute l'activité superflue d'une société, il y aura des joueurs; et sans la bourse, on imaginerait bien d'autres moyens de changer sa vie par un seul coup de dé.

On peut donc réduire cette controverse à peu de mots.

Un état ne peut dépenser beaucoup qu'en faisant produire beaucoup; l'immense avenir est là pour couvrir ses anticipations si elles ont eu pour but de servir cet avenir; et s'il dépense pour un autre but, il doit être bientôt arrêté. En un mot, la garantie qu'on a contre lui, c'est l'opinion; l'opinion qui souvent est trompée, mais après laquelle il n'y a plus de garantie dans le monde, que les lois de la nature qui fixent un terme à tous les maux.

Causes de la prospérité du crédit en France depuis son établissement.

Je viens d'exposer aussi brièvement que je l'ai pu le système du crédit; je vais maintenant faire connaître les causes de sa prospérité depuis son établissement en 1817. On comprendra mieux ainsi comment on a été conduit à la mesure rejetée par la chambre haute.

Le gouvernement était, en 1814, ce qu'il y avait de plus mal réputé depuis un siècle, sous le rapport de la bonne foi et de la probité. Il avait traversé des circonstances si orageuses, et avait fait tant de banqueroutes, les unes involontaires, les autres évidemment frauduleuses, qu'on le regardait comme le plus mauvais des débiteurs, et le moins digne de confiance. On avait d'ailleurs un singulier penchant à s'isoler du pouvoir, à se rendre indépendant de cet être si variable, si violent, si peu exact, et qui avait toujours compromis ceux qui de quelque manière étaient entrés en rapport avec lui. Personne donc ne paraissait disposé à lui confier des capitaux.

Cependant l'état avait des charges énormes à supporter. Trente ans de guerre, deux invasions, le rachat de notre territoire, exigeaient des trésors que la France ne pouvait au jour même trouver dans son sein, et qu'elle ne pouvait espérer que de son avenir. Faire tout *au comptant*, et acquitter avec les seules ressources du présent, un arriéré aussi considérable, était impossible. Il ne restait donc que les emprunts, c'est-à-dire le crédit, et personne ne voulut croire à sa possibilité. On le repoussait comme la conception la plus téméraire, et on ne croyait pas même pouvoir emprunter 200 millions, tandis qu'il fallait deux milliards. Et si aujourd'hui on se rappelait avec quelle ignorance on repoussa ce système, et avec quel mépris fut accueillie la prédiction de ses rapides succès, on verrait quel cas il faut faire de ces rumeurs qui s'élèvent en France contre toutes les propositions nouvelles.

Malgré les inquiétudes générales, malgré l'opposition obstinée de ceux qui se sont prévalus depuis de ce système, comme s'il était leur ouvrage, le crédit fut enfin adopté. Bientôt le retour de la confiance, le renouvellement du commerce, surtout l'empressement des étrangers qui, croyant en nous plus que nous-mêmes, venaient à l'envi demander nos fonds, tout contribua à ranimer le mouvement des capitaux, et à les faire affluer vers le trésor. Nous donnâmes alors un exemple de notre caractère national. A notre première répugnance succéda une ardeur subite, et nous nous portâmes vers l'acquisition des rentes, avec une passion égale à celle qui, un siècle avant, et à la même époque, faisait acquérir les actions de la banque de Law. Cependant on s'était porté vers la rente trop vite, et on l'abandonna de même. La retraite subite de ces capitalistes fantasques, qui n'étaient encore ni des rentiers, ni des joueurs véritables, laissa une masse énorme de papier flottant ; la crise de 1818 eut lieu, et causa une épouvante qui faillit nous rejeter dans toutes les préventions de l'ignorance, à l'égard du crédit.

Cependant, après toutes ces allées et venues, après ces cris d'ignorance, suivis d'un engouement subit et d'un découragement plus subit encore, on parvint à s'éclairer et à se rassurer. La confiance reprit une marche plus égale ; et depuis, le progrès toujours croissant de notre crédit a porté la rente de 55, taux du premier emprunt, à 102, 103 et même 106, taux de la Bourse avant la proposition de réduire l'intérêt.

La première cause de cet état florissant est une augmentation de prospérité provenant d'un grand développement de l'industrie nationale. Ce développement provient lui-même en grande partie d'une heureuse conviction qui règne généralement en France : c'est qu'il n'existe plus aujourd'hui qu'un moyen de faire fortune, et ce moyen, c'est de la gagner par le travail.

En 1789, on la chercha dans la rapide élévation des existences, qu'un ordre social nouveau fesait espérer; depuis 1800, dans l'armée; aujourd'hui on la recherche comme alors, mais dans les arts, les sciences et l'industrie. Chaque chose a son temps : Dans une nation si profondément remuée, et rassasiée au plus haut point de gloire, de triomphes et de toutes sortes d'illustrations, les opinions ne sont plus ni une occupation suffisante, ni un moyen de succès : on les craint, d'ailleurs, et on éprouve à leur égard l'incertitude et la fatigue qui suivent une longue controverse. On songe donc à se créer une existence par le travail, parce que chacun reconnaît enfin qu'il est le principe et le but véritable de la société, en même temps qu'il est le moyen le plus certain d'indépendance, de bonheur et de considération pour les individus.

Applaudissons-nous de ce retour, car c'est en rentrant dans ses intérêts qu'on retrouvera ses opinions; c'est alors seulement qu'on les verra fondées sur la justice dont chacun a besoin, et qu'elles recouvreront l'énergie de l'intérêt personnel qu'elles avaient en 1789.

Ce penchant au travail s'est rencontré tout naturellement avec un autre qui marche toujours avec lui, celui d'innover et de perfectionner; penchant non moins favorable que le premier aux progrès de l'industrie. De toutes parts les esprits éveillés sont en observation pour trouver des moyens de production, ou plus prompts, ou plus économiques, ou plus sûrs; et la France, tandis qu'on nie ou qu'on tâche d'obscurcir ses droits, tandis qu'on lui conteste son génie et ses progrès, fait en silence une fortune qui étonne ceux-là même qui n'ont cessé de la retarder par des entraves. Elle se loge, se vêtit et se nourrit aujourd'hui avec une élégance, un art, une abondance toujours croissante; et, comme tous les peuples qui l'ont précédée dans cette direction, elle gagne en moralité tout ce qu'elle gagne en bien-être.

L'augmentation des capitaux, suite de cet accroissement de prospérité industrielle, est donc la première cause de l'élévation de notre crédit. Mais, outre cette cause générale, il en est de plus particulières dont l'action n'a pas été moins puissante.

La rente offre à tous les capitaux 1 pour %,

et même 1 $\frac{1}{2}$ de plus que n'offrent en général les placements du commerce. Les banquiers, les principaux négociants obtiennent des fonds en abondance à 4 et même à 3 $\frac{1}{2}$ pour %. Or, les capitaux trouvent à la Bourse un placement plus sûr que celui que peuvent leur présenter les premiers banquiers du monde, parce que la banqueroute commence à être regardée comme une de ces vieilles atrocités, aussi usées que les brigandages du moyen âge. D'ailleurs, si l'avenir présente encore des incertitudes à quelques esprits demeurés ombrageux, le présent est évidemment sûr aux yeux de tous, et on s'inquiète peu de ce qui pourrait arriver plus tard, lorsque la mobilité du capital fait espérer qu'on pourra toujours se retirer à temps.

Le placement dans les rentes est donc aujourd'hui aussi sûr que le placement hypothécaire; il a de plus l'immense avantage d'une disponibilité continuelle, celui de l'infaillibilité des échéances, de l'exemption de tous soins, de toute contestation. Un mot dit à un agent de change suffit pour placer ou retirer le capital; une simple exhibition de titre, pour toucher l'intérêt; et cela, sans l'intervention des avocats, des procureurs et des tribunaux.

Ces avantages sont immenses, et ils ne sont pas les seuls. Les rentes sont la seule propriété affranchie de toute espèce d'impôt. Elles sont insaisissables, et par un privilége spécial, la Bourse offre un asile assuré à toutes les fortunes honteuses de leur origine, et obligées, sous peine de saisie, à se cacher. Par là tout ce qu'il y a de richesses coupables va se porter dans cette masse et contribue à l'accroître. Enfin le dernier et le plus puissant attrait, c'est celui des spéculations hasardeuses qu'on appelle jeu; c'est l'espérance de gagner sans grand effort, qui parle malheureusement si haut au cœur de l'homme; espérance qui a touché au moins une fois les rentiers les plus sages, les moins avides, et les plus résignés à conserver le *statu quo* de leur fortune. Il n'en est pas un, en effet, qui, depuis huit ans, n'ait placé avec l'intention de tenter le hasard, comme, une fois en sa vie, on joue ou on met à la loterie.

Les causes de l'élévation des fonds publics sont donc en définitive les suivantes :

Abondance croissante des capitaux par les progrès de l'industrie et la création même des rentes;

Supériorité d'intérêt de 1 à 1 $\frac{1}{2}$ pour %, sur les autres placements;

Sûreté plus grande que dans le commerce, et non moindre que dans le placement hypothécaire ;

Fixité des échéances pour les intérêts, et disponibilité constante du capital ;

Facilité des rapports, exemption de tout soin, de toute contestation ;

Affranchissement des impôts;

Enfin inviolabilité du placement, clandestinité, spéculation et jeu.

Ces causes sont si évidentes et si connues, et l'empressement est tel aujourd'hui, que, pour le moment du moins, on prête à tous les gouvernements ; à ceux dont les charges et les ressources sont connues, comme à ceux qui ne rendent aucun compte public, qui n'admettent qu'une volonté unique, la leur propre ; qui pour étouffer chez leurs sujets l'intelligence qui révèle les droits, étouffent aussi l'intelligence qui produit la richesse. On prête même, malgré la clameur publique, à ces gouvernements barbares qui croient encore pouvoir nier ce qu'ils ont reçu, et être déliés à Rome des dettes contractées à Londres et à Paris. On prête à ceux dont la couleur n'est pas encore amnistiée chez les blancs d'Europe; à celui enfin qui n'offre encore d'autre garantie que son héroïsme, et qu'une bataille perdue peut abattre, avec ses engagements et ses espérances, aux pieds de la légitimité ottomane, qui sans doute ne paierait pas les dettes *de la révolte*.

Ainsi tous les gouvernements ont été admis à se faire négociants ou banquiers, et à faire circuler leur papier sur toutes les places de l'Europe. Par la facilité et la rapidité des communications, ces places ne forment plus aujourd'hui qu'un seul marché, dans lequel tous les mouvements sont communs, et où, conséquemment, il ne peut pas s'opérer une variation dans tel papier, qu'elle ne s'opère proportionnellement dans tous les autres. C'est ce qui a fait dire, avec quelque apparence de raison, que tous les fonds étaient maintenant *solidaires*.

La cause de cette espèce de sympathie doit paraître en effet toute simple. Dès que par l'évaluation de la solvabilité d'un état, de l'intérêt qu'il paie, des garanties qu'il offre, le taux de son papier s'est fixé, ce papier, comme celui des particuliers, prend rang dans l'échelle du crédit, et ne le perd que par des circonstances extraordinaires qui changent sa situation.

Tous les rangs étant ainsi donnés, les capitaux spéculateurs sont placés en observation. L'abondance des fonds se porte-t-elle, par un accident quelconque, d'un papier vers un autre ? Ils courent vers le papier qui baisse, pourvu que ce soit par des causes accidentelles et non désespérantes, et le relèvent en le rendant momentanément plus rare. Ils se retirent après l'avoir relevé, emportant, pour prix du service qu'ils ont rendu, la différence qu'il y a entre le taux où ils ont pris le papier secouru, et celui où ils le laissent.

Aussi aucun papier ne peut se porter en avant, ni rester en arrière, sans que la spéculation ne le ramène à sa place; et c'est ainsi que sur cette vaste surface, où se balancent les promesses souscrites par chaque gouvernement, l'espérance qui les soutient, se joue, en se portant de l'un à l'autre. Se retire-t-elle de l'un, elle y revient bientôt après, et dans ces allées et venues les soutient tous à leur niveau.

Mais dans ce grand jury des capitaux de l'Europe, le crédit des états y est classé selon la richesse proportionnelle de chacun d'eux et des institutions qui le garantissent, comme le crédit des particuliers est classé en raison de leur richesse, de leur probité, de leur intelligence. Aujourd'hui, par exemple, ce thermomètre dans le marché où abonde la plus grande masse de capitaux, se gradue ainsi pour les rentes à 5 pour °/₀ :

Naples, 94 pour °/₀;
La Russie, 95 ½;
L'Autriche, 96;
La Prusse, 99 ½;
La France, 102;
Les États-Unis, 110;
Et l'Angleterre environ 160, puisque les 3 pour °/₀ sont à 95 ½.

Ce terme de comparaison peut donner à réfléchir à ceux qui se trouvent chargés de la destinée des peuples.

Quelle est la situation de l'état quand la rente se trouve au pair ?

Lorsque le capital de la rente augmente, l'intérêt diminue, puisqu'une somme plus forte vient s'offrir pour la même rente.

Ainsi, quand la rente est à 50, l'intérêt est à 10; quand elle est à 62 $\frac{1}{2}$, l'intérêt est à 8; quand elle est à 83 $\frac{1}{3}$, l'intérêt est à 6, et ainsi de suite.

D'après ce fait très-vulgaire, il est évident que ce qui convient le mieux au *prêteur*, c'est de traiter lorsque le capital est moins élevé, puisqu'il reçoit alors un intérêt plus fort; et à l'*emprunteur*, c'est de traiter lorsque le capital est le plus élevé, puisqu'il paie alors un intérêt moindre.

Mais le gouvernement est à la fois *emprunteur* et *prêteur*. Il est *emprunteur* lorsqu'il émet la rente et qu'il reçoit des fonds en échange: il est *prêteur* lorsque faisant emploi de ses fonds d'amortissement, il donne des capitaux pour avoir des rentes. Or, dans ces deux cas, il agit toujours de la manière la plus désavantageuse à sa double qualité. Comme *emprunteur*, il reçoit les fonds lorsque le capital n'a pas pu s'élever encore, puisqu'il ne fait que de l'émettre; et comme *prêteur* il arrive à des époques progressivement plus défavorables, puisqu'il rachète à fur et à mesure que la rente s'élève.

Ainsi, par exemple, s'il a emprunté à 55,

et qu'il amortisse à 83 $\frac{1}{3}$, il donne 28 $\frac{1}{3}$ de plus qu'il n'a touché; ou, en d'autres termes, quand il a reçu des fonds par l'emprunt, l'intérêt a été, pour le prêteur, à 9 $\frac{1}{11}$; quand il en fournit par l'amortissement, l'intérêt est pour lui à 6; il y a donc une différence à son désavantage de 3 $\frac{1}{11}$ pour %.

L'état est donc dans la situation d'un individu qui a pris une marchandise quand elle était chère, et la revend quand elle n'est plus qu'à vil prix. Lorsque en effet il a emprunté, les capitaux étaient rares; quand il amortit, les capitaux multipliés pour tout le monde, comme pour lui, valent beaucoup moins, et il est obligé d'en donner davantage. Mais cela même, il doit le désirer; car c'est une preuve que la richesse s'est accrue, et que le crédit s'est singulièrement augmenté.

Cependant cette situation doit avoir un terme.

L'état a reçu, je suppose, au taux de 55, 64, 66 50, etc., et il amortit à celui de 70, 80, 90, etc. Mais, lorsque l'élévation de la rente l'a enfin portée au-dessus de 100, capital auquel il s'est obligé par son titre, doit-il amortir à 105, 110, lorsqu'il ne s'est obligé qu'à 100? Il pouvait, tant que la rente était à 80, 90 ou 95, racheter au cours, et il valait mieux pour lui en agir ainsi que de rembourser selon son titre; mais au-dessus de 100 ne doit-il pas s'en tenir à la reconnaissance qu'il a souscrite? Cette mention du capital de 100, lorsqu'il ne recevait que 55, 64, etc., ne prouve-t-elle pas qu'il voulait ne jamais payer davantage? et si aujourd'hui il donne 100, les prêteurs qui reçoivent 100 pour 55, 64, 66 50, 67, 85 55, 89 65, pourront-ils raisonnablement se plaindre?

Supposez que le capital ait dépassé de beaucoup le taux de 100, qu'il soit à 125 par exemple, l'intérêt est alors à 4. L'état peut avoir 100 avec 4, et rembourser ces 100 fr. aux prêteurs qui les lui faisaient payer 5; et il économise de la sorte 1 pour °/o. Si cependant les anciens prêteurs veulent se réduire eux-mêmes à 4, il n'a pas à traiter avec d'autres, et il fait la même économie. Au taux de 125, 1 fr. représente 25 fr. de capital; l'état peut donc, à volonté, ou économiser 1 pour °/o, ou augmenter son capital de 25 fr.

Telle est la grande opération que l'état s'est trouvé dans le cas d'exécuter, et qui est devenue l'objet de si vives disputes.

Elle a fait naître une foule d'objections. On a dit que l'état n'avait pas le droit de rembourser; que ce droit, fût-il reconnu, serait cruel envers les rentiers, qui, pour la plupart, ont voulu s'assurer les moyens de vivre, en se procurant un revenu fixe; que d'ailleurs l'intérêt n'était réellement pas au-dessous de 5 dans les transactions ordinaires; que l'on courait donc le danger ou de ruiner le crédit en ne donnant pas aux capitalistes le prix du jour, ou que, si on trouvait le moyen de les retenir, ce serait par quelque moyen secret de violence; que si on voulait absolument faire une économie, réduire l'amortissement vaudrait mieux que réduire l'intérêt. Attaquant enfin le mode d'exécution, on l'a trouvé en même temps brusque, imprudent, et désavantageux pour l'état, qu'il grève d'un tiers de plus en capital.

Pour répondre à ces obligations, il faut donc examiner les questions suivantes :

1. Si le remboursement est de droit;

2. Si l'exercice de ce droit n'est pas trop rigoureux à l'égard des rentiers;

3. Si l'intérêt est réellement au-dessous de 5;

4. Si la réduction de l'amortissement serait préférable à la réduction de l'intérêt;

5. Enfin si le mode d'exécution proposé par l'état n'était pas le seul possible.

Après la solution de ces cinq questions j'examinerai quels eussent été les effets de cette opération sur l'industrie, la richesse générale et la civilisation.

PREMIÈRE QUESTION.

Le remboursement est-il un droit?

Ce que j'ai dit précédemment sur le crédit, va singulièrement nous aider à résoudre la question actuelle. D'un côté se trouvent les capitaux, c'est-à-dire la matière première et les instruments; de l'autre, l'homme avec ses facultés et son travail. Avec le temps, la masse des capitaux s'augmente sans cesse par rapport à la masse du travail; et dans le partage des produits les capitaux, toujours plus considérables, doivent avoir une part toujours moindre, tandis que le travail doit avoir, au contraire, une part toujours plus grande; il arrive en effet que l'intérêt va toujours diminuant, tandis que les salaires augmentent sans cesse.

Les faits étant ainsi, la loi qui doit régler

le mouvement de la nature et non le contrarier, eût été absurde si elle avait permis que l'intérêt d'un capital pût être fixé à *perpétuité*, et demeurer éternellement le même, lorsque l'intérêt réel changerait constamment. C'est pourtant ce qu'aurait fait la loi si elle n'avait pas rendu le remboursement toujours facultatif; et si elle avait permis l'existence des rentes *perpétuelles* (1). En ne rendant pas le remboursement toujours facultatif, elle eût fait que le débiteur ne pouvant s'acquitter, et dès lors, étant obligé à remplir les conditions de son contrat, aurait payé un intérêt *invariable* malgré la variation constante du prix des capitaux. En permettant les rentes perpétuelles elle eût fait de même : car une rente n'étant que l'intérêt d'un capital, payer une rente perpétuelle, c'eût été soustraire encore l'intérêt des capitaux à ses variations naturelles et nécessaires.

La loi donc s'adaptant à la nature, qui veut que tout change, que tout finisse, que rien ne soit immuable; la loi a déclaré que le

(1) On n'a appelé les rentes remboursables *perpétuelles* que par opposition aux rentes viagères.

remboursement était un droit, et que toute rente *stipulée perpétuelle* était remboursable. Elle n'a reconnu qu'une rente véritablement *perpétuelle*, parce qu'elle est la seule qui ne puisse être remboursée, c'est la rente *viagère* ; mais cette perpétuité a un terme naturel et très-prochain, celui de la vie humaine ; la vie humaine est si courte par rapport au mouvement général des choses, elle peut comprendre dans sa durée si peu des progrès de la civilisation et de la richesse, que la décroissance de l'intérêt ne peut être très-sensible pendant un âge d'homme, surtout au point de rendre les conditions d'un contrat absurde. Il y a d'ailleurs tant d'avantages dans cette rente pour les vieillards et les infirmes, que la loi a eu mille motifs de l'établir.

Le Code civil s'est formellement exprimé à cet égard, article 1911, et l'état peut s'appliquer une loi aussi juste dans son principe que précise dans ses termes : il peut, comme tout autre contractant, dire à ceux qui lui ont prêté : *L'intérêt a diminué ; il ne me convient plus d'être votre débiteur, je vous rembourse. Je vous rembourse, non le capital que j'ai reçu, mais le capital plus fort que je vous ai promis ; vous n'avez plus rien à me demander.*

Cependant tout en convenant de l'existence de la loi et de sa justice à l'égard des simples individus, quelques personnes ont soutenu que cette loi n'était point applicable au gouvernement, parce qu'il ne pouvait être considéré sous ce rapport comme un simple particulier.

Mais à quel titre l'état serait-il considéré comme différent d'un simple particulier ? Serait-ce parce qu'il est un être *collectif* ? Mais la loi a compris dans la loi civile les êtres collectifs comme les êtres individuels, et leur a rendu communes les conditions des obligations lorqu'ils en ont contracté. L'état représentant l'universalité des contribuables, devient par le fait une personne unique, qui doit, à qui on doit, et dont les droits et les devoirs sont ceux de tous les contractants ordinaires. D'ailleurs les rentiers ne lui donnent-ils pas les qualités d'un contractant ordinaire, lorsqu'ils l'appellent *banqueroutier* ? Or, pourquoi ne pas lui reconnaître ces qualités dans tous les cas ? On veut faire de l'état un simple individu quand on a des droits sur lui, et on ne veut plus qu'il le soit quand il a des droits sur les autres. Il n'y a là n'y raison ni justice.

Lui refuserait-on la qualité commune reconnue par la loi, parce qu'il est trop puissant, parce qu'on ne peut pas l'actionner, le poursuivre et l'obliger à remplir ses engagements? Cette différence serait plus réelle que la précédente; et il est vrai que l'état est un débiteur d'une nature extraordinaire, contre lequel les huissiers ne peuvent rien. Mais d'abord cette nature était connue; le débiteur pouvait être prodigue, passionné, improbe, et placé au-dessus de nos atteintes par sa puissance. Mais vous le saviez, pourrait-on dire aux rentiers, vous connaissiez la chance que vous alliez courir, le contrat était aléatoire; et comme il faut un prix pour toute chance, ce prix vous l'avez reçu; il est énorme, hors de tous les prix ordinaires, c'est presque le doublement de votre capital. Vous donniez 55, 64, etc., et on vous a reconnu 100, on vous rembourse 100! Pouvez-vous encore arguer de la différence du débiteur, lorsque cette différence vous a été payée de cette manière? L'état ne peut donc, par aucune considération, être privé de l'application de la loi et de ses avantages.

Cependant on ajoute une dernière difficulté aux précédentes, et on dit que, par ses déclarations antérieures, et par la forme du contrat, l'état a renoncé au bénéfice de la loi civile.

Il n'y a dans cette objection aucune exactitude. D'abord, en fait, il n'est pas vrai que l'état ait renoncé à la faculté dont il a voulu user aujourd'hui. Aucune condition particulière avec les contractants des différents emprunts n'a porté une stipulation semblable; et toutes les lois, toutes les discussions sur la création des rentes, ont laissé entrevoir, au contraire, la possibilité du remboursement. J'en ai indiqué moi-même les moyens en proposant de créer des rentes à 9, 8, 7, 6, 5, 4 et 3 pour cent: et si on n'a pas adopté alors ma proposition, si on n'a pas formellement exprimé le droit et la volonté du remboursement, c'est à cause de l'incrédulité qui régnait sur le succès du crédit, incrédulité qui aurait fait regarder une pareille déclaration comme une forfanterie.

Il n'est pas vrai davantage que la forme du contract exclue l'idée du remboursement; elle le suppose, au contraire; ou plutôt elle l'exprime dans des termes formels. Elle ne renferme pas, en effet, la simple obligation, comme on le prétend, de servir *une certaine rente*; mais elle renferme la reconnaissance *d'un certain capital* avec intérêt de 5 *pour cent*, ce qui suppose un simple prêt avec condition ou possibilité de remboursement: sans cela, la mention de la somme principale serait évidemment inutile, et l'intérêt seul aurait été spécifié, si cette somme eût été à jamais convertie en une annuité.

Mais négligeons toutes ces raisons, et tranchons les difficultés en quelques mots.

Je suppose que l'état ait renoncé par des paroles ministérielles, et même par des actes législatifs, par la forme enfin du contrat lui-même, à la faculté du remboursement: hé bien! la loi civile qui relève de tous les engagements absurdes, le relèverait de celui qu'il aurait pris ici : car elle déclare, dans l'article 1911, que *toute rente, même stipulée perpétuelle, est essentiellement rachetable*, c'est-à-dire, que même les conventions sont nulles à cet égard, et que celui qui s'est engagé ainsi peut toujours secouer son engagement.

Résumons donc tout ce qui peut être dit à cet égard, car aussi bien cette partie de la discussion nous paraît maintenant abandonnée :

C'est un fait général, que l'intérèt des capitaux diminue sans cesse;

La loi a reconnu ce fait et a déclaré qu'aucune rente ne serait perpétuelle, c'est-à-dire qu'aucun intérêt ne serait irrévocablement fixé ;

L'état peut s'appliquer cette loi, parce que les êtres collectifs ont les devoirs et les droits des contractants ordinaires ;

Si l'état est plus puissant et moins régulier que les contractants ordinaires, cette différence, qui rendait le contrat aléatoire, a été payée par une augmentation du capital;

Enfin, soit par ses déclarations, soit par la forme du contrat, l'état n'a jamais renoncé à son droit de remboursement, et l'eût-il fait, la loi regarderait cette renonciation comme nulle, et lui permettrait de s'acquitter.

Le droit n'étant plus douteux, voyons si l'exercice n'en serait pas trop rigoureux.

DEUXIÈME QUESTION.

L'exercice du droit de remboursement n'est-il pas trop rigoureux?

En offrant aux rentiers le remboursement de leurs capitaux, l'état leur offrait en même temps de les garder à condition qu'ils souffriraient une réduction d'intérêt. Il faut donc examiner si l'état, ayant le droit démontré d'en agir ainsi, n'exerçait cependant pas un droit trop rigoureux envers les rentiers qu'il voulait réduire.

Reconnaissons d'abord quelle est, en général, la qualité du capitaliste dans la société. C'est ordinairement celui qui a travaillé et qui ne travaille plus, ou plus ordinairement encore, c'est celui dont les pères ont travaillé autrefois, et l'ont dispensé de travailler lui-même aujourd'hui. Il prête donc ses capitaux à ceux qui n'ont pas acquis la faculté de se reposer; et, il faut en convenir, il mérite à ce titre bien moins d'intérêt que l'homme industrieux qui paie actuellement son pain par ses sueurs. Sans doute cet oisif fortuné n'en a pas moins ses droits, car il faut respecter le travail dans celui même qui se repose, il faut respecter le travail du père, dans le capital du fils ; mais peut-on empêcher les effets de la loi commune qui avilit sans cesse les capitaux en augmentant leur abondance ? L'homme qui vit sur une œuvre passée doit devenir continuellement plus pauvre, parce que le temps le transporte, avec la richesse d'autrefois, au milieu d'une richesse toujours croissante, et toujours plus disproportionnée à la sienne. A défaut du travail, il n'y a qu'un moyen de se soutenir au niveau des valeurs actuelles, c'est de diminuer ses consommations. Il faut ou travailler ou se réduire. Le capitaliste a le rôle de l'oisif, sa peine doit être l'économie, et elle n'est pas trop sévère.

Tel est le principe général à l'égard des capitalistes. La rapide augmentation des capitaux produite en France par une violente secousse, a rendu leur dépréciation plus prompte qu'elle n'avait jamais été, et le passé, vaincu de toutes les manières, s'est trouvé en toutes choses au-dessous du présent. Depuis surtout que la paix nous a permis de jouir des résultats de la révolution, les progrès de l'industrie ont fait subir aux capitaux une réduction universelle.

On plaint aujourd'hui le rentier, parce qu'à un jour donné, et, tout à la fois, par une déclaration précise, on diminue son revenu d'un cinquième, et que, volontairement, spontanément, on produit chez lui la peine de cette diminution ! Mais il faudrait considérer que bien avant cette révolution, et, par l'effet d'une loi générale, tous les capitalistes ont subi le même sort. Les propriétaires des terres ont été obligés de diminuer le prix des fermages ; leurs denrées n'ont plus représenté le même revenu, et, dans la mieux située de nos provinces, la terre n'a plus rapporté qu'aux environs de 3 pour %. Le prêt à long terme, le prêt commercial, tous les placements ont subi une réduction universelle, et non pas seulement d'un, mais souvent de deux cinquièmes. Ce qu'on se proposait donc de faire par une loi, à l'égard de quelques capitalistes, et ce qui paraissait une dureté d'autant plus insupportable, qu'elle était volontaire, a déja eu lieu pour tous d'une manière moins précise, mais plus générale et souvent pour une valeur bien plus considérable. Cette différence dans le prix des capitaux, que l'état prononçait, il ne faisait que la déclarer, car elle existait déja dans la société; si c'était un mal, il n'en était pas l'auteur, mais il faisait un acte de justice, en empêchant que quelques capitaux privilégiés trouvassent à la Bourse un moyen de se soustraire au sort commun. Était-il juste en effet que les propriétaires immobiliers, les négocians, les marchands, les ouvriers, déja grevés d'un milliard d'impôts, et frappés de la réduction générale, en garantissent les propriétaires mobiliers à leurs propres dépens, c'est-à-dire, en leur payant un cinquième de plus?

On cherche des infortunes dans la classe des rentiers, pour s'attendrir sur leur sort; mais si on allait chercher aussi dans le fond de nos campagnes, où l'acquittement des impôts est un des plus grands soucis annuels du cultivateur, des sujets de tableaux, on en trouverait de fort touchants sans doute, et des deux côtés la pitié en souffrance fournirait les mêmes motifs d'hésiter. En général un état ne peut consulter que la justice, car des maux intéressants il y en a dans toutes les classes; toujours c'est entre le malheur et le malheur qu'il a à se prononcer; et les conditions étant égales, il ne lui reste pour se décider que la justice, qui d'ailleurs répare tout, parce qu'elle n'est que l'ordre qui entretient, conserve et améliore toutes les existences.

Quel est d'ailleurs le sort de ceux qui ont traité avec l'état, depuis sept ou huit années? Ils ont fourni 55 fr. 64, les plus malheureux ont fourni 89 [55] et ils reçoivent 100. Tandis qu'ils touchent en capital une moitié, un tiers, un quart en sus de ce qu'ils ont donné, ils ont perçu en intérêt, un cinquième, ou un quart de plus qu'ils n'auraient perçu dans tout autre placement; et ils se plaindraient d'avoir eu affaire à l'état!

Je citerai un fait à ce sujet:

Un capitaliste avait 60 mille francs placés dans une maison de banque. Il les retira il y a sept ans, et les convertit en rentes. Elles étaient alors à 60. Il acquit donc avec les 60 mille fr., 5 mille fr. de rentes. Menacé d'être réduit à 4 mille fr. de revenus ou de recevoir 100 mille fr. de capital, il s'écrie qu'il est ruiné!

Pour juger de la justice de ses plaintes, comparons la perte qu'il éprouve avec l'état, au bénéfice qu'il aurait recueilli, s'il n'avait pas préféré l'état au banquier.

L'état a reçu de lui 60 mille fr.; depuis sept ans, il lui a payé 5 mille fr. d'intérêt par année, c'est-à-dire 35 mille fr.; et il lui offre aujourd'hui 100 mille fr. Ces 60 mille fr. lui ont donc produit 135 mille fr.

Le banquier, au contraire, lui aurait payé seulement 21 mille fr. pour les intérêts à 5 pour °/₀, pendant les mêmes sept années, et lui offrirait aujourd'hui 60 mille fr. de capital. La même somme n'aurait donc produit pendant le même temps que 81 mille fr.

Prêtant au banquier, ce capitaliste n'aurait reçu que 81 mille fr. : prêtant à l'état il aurait retiré 135 mille fr. Cependant à ses yeux le banquier serait resté un honnête homme, et l'état est réputé banqueroutier?

On croit réfuter tout cela en disant que le rentier a couru des chances en prêtant à l'état. Mais qu'on en convienne de bonne foi; existe-t-il aujourd'hui, un placement plus sûr, plus facile et plus commode que celui des rentes? Le capitaliste qui prête au commerce court des chances continuelles de banqueroutes; le propriétaire qui afferme ses terres, qui loue ses maisons, court le danger des non-valeurs, par l'effet des mauvaises saisons, où de l'insolvabilité de ceux avec lesquels il a traité; le rentier au contraire n'a pas couru une seule chance, quant au capital, car on conviendra aujourd'hui que la banqueroute est impossible; il n'a pas essuyé une non-valeur, quant au revenu, car les échéances sont infaillibles; il n'a pas été exposé à une seule contestation, il n'a pas payé un seul impôt, et outre tous ces avantages, il a reçu un cinquième ou un quart de plus en intérêt, et on lui offre un quart, un tiers, une moitié de plus en capital! et c'est ce malheureux qu'on plaint avec tant d'affectation, pour lequel on invoque la justice, l'humanité, tous les sentiments enfin que la plus grande infortune pourrait inspirer! Lorsqu'il s'agit seulement de mettre un terme au profit immense qu'il a fait, terme légal, équitable, fixé par le titre même, on se récrie comme si une loi de *maximum* ou de confiscation le frappait dans sa propriété! Quand il s'agit de l'opération la plus simple, quand il s'agit de dire à des gens: *Votre marchandise est trop chère, donnez la à meilleur prix ou nous n'en voulons plus*, n'est-ce pas pitié de voir confondre assez les choses et les temps, pour crier à la banqueroute, et rappeler la loi des tiers consolidés, ou le nom de l'abbé Terray?

On dit à la vérité qu'il existe un grand nombre de rentiers qui n'avaient pas cherché un placement avantageux, mais un revenu fixe; dont toutes les pensées s'étaient arrangées conformément à ce but, et dont le remboursement venait déranger la vie et compromettre les moyens d'existence; on dit que dans ce nombre il y a beaucoup d'infirmes qui ne peuvent plus joindre leur travail à leurs capitaux, et dont on aurait troublé la vieillesse et réduit le nécessaire. Sans doute personne n'est plus porté que moi à plaindre ces malheureux; Mais il ne faut pas en exagérer le nombre, il ne faut pas faire de tous les rentiers des êtres aussi intéressants; il ne faut pas oublier ces riches et jeunes oisifs qui vont user à la bourse, le temps qu'un travail utile n'occupe pas; ces joueurs de profession qui, vivant de *différences*, occupent une grande partie de la rente pendant le cours de l'année; ces riches puissants qui veulent varier leurs revenus, pour les assurer, et qui placent dans les rentes où ils n'ont à craindre ni les insolvabilités ni les mauvaises récoltes; ces grands capitalistes enfin qui se livrant à de grandes entreprises, *aubergent* momentanément leurs fonds à la Bourse, en attendant le moment de les faire agir : il ne faut pas oublier toutes ces classes si variées composant les neuf dixièmes du grand livre, et ne pas montrer exclusivement des vieillards, des infirmes, pour avoir le droit de les plaindre, et de s'attendrir!

Cependant quelque peu nombreux que soient ces êtres intéressants, il faut sans doute les ménager, et s'occuper d'eux. Mais quand on y réfléchit on trouve les exceptions inadmissibles, à moins d'entrer dans une inquisition, impossible à l'égard de chacun, et l'on conçoit que le gouvernement ait reculé devant les difficultés qui se présentaient.

Les deux classes qui méritent un véritable intérêt, étaient les rentiers pauvres et les rentiers qui avaient déja subi la réduction des deux tiers. Eh bien, si on avait résolu de ne pas réduire les rentiers au-dessous de 1000 fr., il aurait pu arriver que, par caprice ou hasard, le riche capitaliste n'eût que 1000 fr. de rente; et que la veuve en eût 1050; le riche capitaliste aurait conservé les 1000 francs, et le revenu de la veuve aurait été réduit à 840! Il était donc impossible de fixer le terme, à moins de convoquer les personnes, de les soumettre à un jury, c'est-à-dire à une chambre ardente; de dire aux uns, Vous êtes trop riches; aux autres, Vous ne l'êtes pas assez; à moins, enfin, d'établir la loi agraire.

Il en est de même des porteurs de tiers consolidés, déja réduits par une banqueroute; car si on veut remonter à d'anciennes pertes, il faut donc remonter à tout le passé, rechercher tous les maux, indemniser non-seulement les émigrés, mais les parents des victimes, mais les négociants qui ont perdu par le *maximum*, mais des milliers de familles ruinées par les assignats, mais tous les individus enfin dont l'existence a été bouleversée; et alors on entre dans le chaos des réparations, on ramène la société en arrière, pour défaire ce que trente ans de révolution ont semblé consacrer irrévocablement, et ce dont il ne faut chercher le dédommagement que dans le progrès de la richesse générale.

D'ailleurs, à moins de recourir encore à des exceptions personnelles, que d'injustices n'aurait-on pas commises en exceptant les porteurs du tiers consolidé! Presque tous ont vendu, et ce ne sont pas les véritables perdants qu'on retrouverait pour les indemniser. De plus, les uns ayant acheté à 100, et les autres seulement à 6 ou 7, ceux-ci conserveraient 20 ou 25 pour % d'intérêt, tandis que ceux-là ne conserveraient que 1 $\frac{2}{3}$.

Il était donc impossible de faire aucune exception qui ne fût plus féconde en injustices que la loi elle-même. Sans doute la mesure générale causait çà et là quelques douleurs, et je n'ai pas été le dernier à les déplorer; mais conçoit-on une mesure générale qui n'en cause aucune? Figurez-vous par la pensée ce qu'une levée d'impôts ou d'hommes produit de mal dans les existences, et votez ensuite, si vous l'osez, des conscriptions de quarante mille soldats et des budgets d'un milliard!.... Il en est des gouvernements comme des individus, qui ne peuvent ni respirer ni se mouvoir, sans froisser une multitude d'existences inaperçues. La liberté, la révolution, si on leur comptait les maux individuels, qui pourrait les tolérer!... Cependant le bien universel est si vaste, que chaque jour on les excuse. Et cependant comment se peut-il que les mêmes hommes qui justifient tous les jours la liberté et la révolution du mal accidentel par la considération du bien général, aient jugé la loi du remboursement comme ils l'ont fait?...

Tout ceci peut donc se réduire à peu de mots : par l'inévitable et universelle réduction des capitaux, le capitaliste doit se résigner à des sacrifices : ces sacrifices ont dû être plus grands depuis quelques années, parce que la paix et les miracles du crédit ayant produit une immense augmentation de richesses, tous les capitalistes qui prêtaient leurs fonds aux particuliers ont subi la réduction : les rentiers doivent donc la subir comme eux ; ils ont, d'ailleurs, gagné une moitié, un tiers, un quart, sur le capital, et un cinquième au moins sur l'intérêt : c'est le plus petit nombre des rentiers qui peuvent mériter l'intérêt qu'on leur a témoigné, et qui avaient songé à un revenu fixe; mais pour ne pas déranger leur faux calcul, l'état ne pouvait pas s'interdire une faculté qui est d'un avantage immense; ils ont d'ailleurs plus gagné à traiter avec l'état qu'avec tout autre emprunteur; et toute la rigueur qu'il exerce à leur égard, n'est pas de leur imposer une perte, mais de mettre un terme à un profit : la continuation de ce profit accommoderait fort ceux qui sont pauvres, mais l'état ne peut malheureusement établir aucune distinction; et les exceptions, à moins d'être personnelles, inquisitoriales, auraient été plus injustes qu'une mesure générale.

Voilà la vérité tout entière, et telle qu'elle a dû se présenter d'abord, et aux chambres et au ministre; mais la compagnie n'étant pas soumise à des devoirs aussi rigoureux, elle n'a apporté aucun obstacle aux exceptions que l'humanité pouvait réclamer. J'ai déclaré, au contraire, lors de la signature du contrat, que tout amendement en faveur des rentiers pauvres, ou des rentiers qui avaient déja subi une réduction, je le verrais adopté avec joie, n'importe le sacrifice qui pourrait en résulter pour la compagnie; et plus tard, tous les amendements ayant été écartés, j'en ai proposé un nouveau (1), que les papiers publics ont an-

(1) *Ouvrir deux grands livres de la dette publique, l'un en* rentes *mobiles* à 3 p. °/₀, *l'autre en rentes immobilisées en* 5 *p.* °/₀.

noucé en mon nom. Mgr. l'archevêque de Paris en a présenté un presque semblable

---

Tout rentier aurait la faculté de s'inscrire dans les 3 p. °/₀ à 75, *dans un délai fixé, ou de rester inscrit dans les* 5 *p.* °/₀, *sans éprouver de réduction sur son revenu.*

Les 3 p. °/₀ *mobiles ne pourraient plus être convertis en* 5 °/₀ *après l'option faite; les* 5 *p.* °/₀ *au contraire pourraient, à queque époque que ce soit, être transformés en* 3 *p.* °/₀, *au pair, à la volonté des porteurs.*

Toute mutation dans les 5 p. °/₀ *pour toute autre cause que la succession en ligne directe, ou transport à titre d'avancement d'hoirie, aurait opéré de droit la conversion en* 3 *p.* °/₀ *au pair.*

Les rentes 3 p. °/₀ *étant seules rachetables, l'amortissement aurait été diminué d'une quotité proportionnelle à la somme de rentes qui serait restée inscrite dans les* 5 p. °/₀.

Les 5 p. °/₀ *ayant leur extinction naturelle par le transfert volontaire, ou par le transfert pour cause de succession en ligne collatérale, les* $\frac{3}{5}$ *de chaque extinction auraient augmenté la dette en* 3 *p.* °/₀, *et les* $\frac{2}{5}$ *restants auraient augmenté l'amortissement.*

On voit par ces dispositions que les rentiers qui ne voulaient qu'un revenu, et les capitalistes qui voulaient spéculer sur les fonds, pouvaient se classer d'eux-mêmes, selon leurs vues et selon leurs intérêts. Les spéculateurs gardaient leur capital *mobile* en 3 p. °/₀ à 75; les rentiers véritables conservaient leur revenu intégral à 5 p. °/₀; et quelques jours après à la chambre des pairs. Il a été justement loué dans les journaux con-

---

l'état se dédommageait du cinquième de réduction, dont il ne jouissait pas, par le transfert qui se serait opéré successivement des 5 p. % en 3 p. % à 100, au lieu de 75. Il n'y avait que la compagnie qui pouvait perdre à cet arrangement, et c'est elle qui a provoqué le sacrifice.

Si un amendement pouvait être admis, je crois que c'est celui-là. Tout ici est libre et facultatif; point de préférence injuste, aucune mesure inquisitoriale; chacun prononce dans sa propre cause; et la loi n'est point flétrie ni par des préférences, ni par des exclusions.

Maintenant, que serait-il arrivé dans l'exécution? Ou les rentiers auraient tous conservé leurs rentes en 5 p. %, ou tous se seraient décidés pour la conversion en 3 p. % à 75; ou enfin une partie aurait préféré les 3 p. %, et l'autre les 5 p. %.

Dans le premier cas, il n'y avait plus de dette publique, plus d'amortissement; conséquemment 80 millions, au lieu de 28, pouvaient arriver au soulagement des contribuables; et l'état, dégagé de toute entrave, pouvait se livrer avec succès, en cas de besoin, à toute espèce d'emprunt.

Dans le second cas, l'amortissement continuait, l'économie de 28 millions était opérée, tout motif légitime de plaintes cessait; et la mesure, justifiée déja par l'intérêt général, l'était encore par la détermination des rentiers eux-mêmes.

stitutionnels, et je pense que c'est fort bien; mais on a gardé le silence sur la compagnie qui voulait ainsi renoncer à un bénéfice de 8 à 10 millions, et l'on ne trouvera pas déplacé que je revendique ici la justice qui lui était due.

Dans le troisième cas, enfin, l'économie de 28 millions diminuait, mais une partie de l'amortissement venait augmenter cette économie; et plus tard, la différence de la conversion des 3 p. °/₀ au pair, au lieu de la conversion à 75, établissait une compensation utile en faveur de l'état.

Je ne donnerai aucun développement à cette analyse sommaire. On comprend, sans que j'aie besoin de l'expliquer, que si, par exemple, tous les rentiers ayant voulu conserver 140 millions de rentes *immobilisées* au lieu de 112 millions de rentes *mobiles*, voulaient tous, dans l'avenir, et à un jour donné, en opérer la conversion, c'est-à-dire que les 140 millions, qui ne seraient plus qu'une *charge publique*, devinssent une *rente de* 112 *millions* qu'il faudrait alors amortir, ce grand changement se ferait sans secousses et ne produirait que d'heureux résultats. En effet, 140 millions disparaissent du grand-livre en 5 p. °/₀, qui, alors, se trouve fermé à jamais; 112 millions passent dans le grand-livre en 3 p. °/₀, et composent la totalité de la dette; et les 56 millions de différence étant restés à l'amortissement, deviennent un levier puissant qui place le crédit dans la situation la plus heureuse et la plus rassurante.

TROISIÈME QUESTION.

L'intérêt pour l'état est-il au-dessous de cinq pour cent?

Après s'être assuré que la réduction avec option du remboursement, est légale, qu'elle n'a rien de trop rigoureux, ou que l'on peut du moins adoucir cette rigueur, il faut se demander si l'intérêt est réellement au-dessous de 5 pour %, et si c'était bien le cas d'exiger une réduction, n'importe laquelle. Car si, en effet, l'intérêt n'était pas au-dessous de 5, il aurait pu arriver, ou que les rentiers se retirassent tous, ce qui eût été la ruine du crédit; ou qu'ils restassent, malgré la perte qu'on leur faisait supporter, ce qui aurait supposé quelque contrainte secrète et injuste exercée pour les retenir.

La hausse au-dessus du pair est un premier fait qui prouve qu'un capital de plus de cent francs venait s'offrir pour 5 francs d'intérêt, et que, par conséquent, l'intérêt pouvait être au-dessous de 5 pour %.

A cela on répond : « que l'intérêt n'est point « partout le même; que dans le reste de la

« France les fonds coûtent quelquefois 8 ou 10; « que la négociation des bons royaux à 3 ½ « ne prouve rien, parce que le capital étant « fixe et ne courant aucune chance, l'intérêt « doit être moindre; que les *reports* se fai- « saient pendant la discussion de la loi à 1 « pour % par mois, c'est-à-dire à 12 pour % « par an; que le dernier emprunt s'est fait à « 89 francs 55 centimes, c'est-à-dire dans les en- « virons de 6 pour % ; que le ministre des fi- « nances a lui-même avoué ne pouvoir faire ac- « cepter l'intérêt de 4 pour % sans offrir une « augmentation du capital nominal; que si, « malgré cela, nos fonds publics ont été au- « dessus du pair, c'est l'agiotage des compa- « gnies qui en est la cause; que la hausse était « toute factice, et n'aurait pas été durable; et « qu'ainsi les rentiers se seraient retirés et au- « raient amené la ruine du crédit, ou seraient « restés, ce qui aurait prouvé une contrainte « injuste exercée à leur égard. »

D'abord fixons un premier fait: c'est qu'il n'y a rien de plus incertain que l'intérêt; et que suivant les lieux, les placements, les prêteurs, et les emprunteurs, il varie à l'infini. Ainsi, sur la même place on le verra à 3, à

10, à 20 pour %. Dans une petite ville de province, les capitalistes timides, scrupuleux, prêteront sur hypothèque à 5; d'autres capitalistes plus hardis et moins scrupuleux, prêteront au négociant à 6, lequel prêtera à d'autres à 7, 8 et 10; enfin, dans cette même ville, les juifs prêteront à de mauvais payeurs à 20, 25 et quelquefois à 100 pour %. A Paris, tandis que les banquiers ne prennent des fonds qu'à 3, les constructeurs de maisons paieront 8 ou 9, l'auteur de telle ou telle entreprise paiera 12 ou 15. Un jour de spéculation sur les marchandises, les fonds profitant de l'occasion, exigeront un prix énorme; et l'accapareur des sucres et des cafés, et les joueurs sur les eaux-de-vie, supporteront 10 et 12 pour % d'intérêt, au lieu de 4 ou 5 qu'ils donnent pour leurs opérations ordinaires.

Comment donc fixer un intérêt général, puisque selon la masse des capitaux existant dans un pays, selon le risque du placement, selon le besoin qu'en éprouve l'emprunteur, selon la probité du prêteur, le prix des fonds varie constamment ?

Quel genre de placement faut-il donc considérer particulièrement pour celui qui a la faculté de puiser dans les grands marchés, d'offrir une garantie suffisante, et de ne pas demander un prêt à long terme, qui *immobilise* le capital? Il semble que le placement du commerce doit être celui sur lequel il faut se régler. Or, quel est le taux véritable de l'intérêt dans le commerce? Mettez toutes les circonstances de détail à part; ne supposez ni un entrepreneur peu connu, ni un accapareur privé de fonds, ni un spéculateur hasardeux; prenez les grands établissements, les banquiers, les négociants, probes, jouissant de la confiance générale. Eh bien, les différentes banques de l'Europe escomptent toutes à 4 pour %, et ne trouvent pas l'emploi de leurs capitaux à ce prix; les négociants, les banquiers, en obtiennent au-delà de leurs besoins à 4 et 3 pour %. On peut défier qui que ce soit de citer un fait contraire; et je puis attester que l'on pouvait, avec de simples signatures de banquiers, se procurer, lors de l'opération, ici 10 millions, là 25, et sur un seul point 100 et 150 millions à la fois, au prix que je viens de citer; et non pour quelques jours, ou pour quelques mois, mais pour un temps plus long que celui qui aurait été nécessaire pour terminer l'opération.

Mais, dira-t-on, l'état ne peut jouir de la confiance d'un simple négociant, ou d'un simple banquier; c'est-à-dire que l'état, qui représente *tous les contribuables* à la fois, et qui réunit à lui seul *tous les crédits*, offre moins de garanties qu'un seul individu, toujours exposé aux chances commerciales. Cependant admettons cela, et on va voir si l'état ne peut pas avoir le crédit des négociants et des banquiers. L'état émet des bons royaux pour ses besoins courants, et ces bons il les négocie facilement pour des sommes considérables à 3 $\frac{1}{2}$. Sa signature peut donc obtenir la confiance qu'obtient la mienne, ou celle de tout autre de mes collègues? « Oui, répliquera-t-on, il peut ne payer que 3 $\frac{1}{2}$ en émettant des bons royaux, parce que le capital « de ces bons est *fixe et invariable*, et ne « court aucune chance. »

Soit; mais la mention d'un capital invariable vaut-elle au créancier une autre signature que celle de l'état? Cette simple déclaration sur le titre pourrait-elle le sauver d'une catastrophe?

non sans doute; elle ne fait donc que le garantir des variations de tous les jours: or, ces variations loin d'être un objet d'inquiétude, sont au contraire un objet d'attrait, puisqu'elles offrent une occasion de spéculer, et une espérance de hausse qui, depuis sept ou huit ans, a été constamment réalisée. La fixité du capital, sans donner plus de sûreté au fonds, prive seulement des moyens de gagner par la hausse, et devrait rendre le placement dans les bons royaux inférieur à celui dans les rentes, et par conséquent faire qu'il fût plus fortement rétribué. Les bons royaux prouvent donc que l'état avec sa seule garantie, et sans offrir l'espérance d'aucun gain, peut emprunter à 3 ½, comme le simple banquier.

Maintenant, que l'on se souvienne des avantages de la rente; et on verra de combien elle est supérieure au placement commercial. L'état, on en conviendra, vaut en sûreté tous les banquiers du monde. En donnant 4 p.°/₀, il ferait plus qu'eux tous, puisqu'ils ne donnent guère que 3 ½ à 4; enfin, il est bien plus facile et plus accommodant que les banquiers, puisque le placement dans ses mains peut finir à tous les instants, par la négociation du capital sur la place. Or un banquier stipule un terme ; et quelque prochain que soit ce terme, c'est toujours une immobilisation. La rente même à 4 offre donc plus de sûreté, d'intérêt et de mobilité que le placement commercial, et elle assure, en outre, l'exemption de contestation, de soins, de saisie, et les avantages de la spéculation.

On dira que « tout cela est vrai, que le « placement sur l'état vaut mieux que le pla- « cement sur un banquier; mais que c'est une « affaire d'opinion, que le public ne le croit « pas encore : et on donne en preuve le der- « nier emprunt fait à 89, c'est-à-dire à 6 « pour °/₀ environ; l'obligation où était le « ministre, en donnant 4, d'élever le capital « nominal d'un tiers; et le prix des reports « à 1 ou 2 fr. par mois. »

D'abord, quant au dernier emprunt, il s'est fait à 6 p. °/₀ il y a un an ; avec la perspective de la guerre, et avec l'incertitude de ses résultats : aujourd'hui on voulait n'opérer qu'à 4 ; et une amélioration de 6 à 4, dans l'espace d'une année, n'est pas trop subite, parce que le crédit public ne marche pas comme le crédit privé avec la lente progression des richesses, mais avec les évènements et l'opinion toujours prompte, toujours brusque dans ses mouvements, surtout en France. En Angleterre même on a vu, par le seul espoir de la paix, les 3 p. °/₀ monter de 80 à 95 $\frac{1}{2}$.

Quant à l'obligation où était le ministre d'élever le capital nominal d'un tiers, la réponse est tout aussi facile. J'expliquerai plus tard ce que signifie l'élévation du capital nominal, et ce qu'il faut en conclure. Pour le moment, il me suffira de dire que, reconnaître 100 quand on reçoit 75, c'est s'obliger seulement à ne pas rembourser avant que le capital se soit élevé de 75 à 100. Si, ces 75 fr., on les a reçus au prix de 4, quand ils se seront élevés au pair, ils ne vaudront plus que 3 pour °/₀. Or le prêteur qui donne ses fonds à 4, mais exige l'élévation du capital nominal d'un tiers, demande seulement que, réduit à 4 pour °/₀, il ne soit pas réduit de nouveau, avant que l'intérêt de la Bourse soit réellement à 3. Ainsi le ministre, en avouant qu'il ne pourrait pas emprunter à 4 sans élever le capital nominal, n'a réellement avoué qu'une chose : c'est que l'intérêt à la Bourse était à 4, mais qu'il n'était pas encore à 3. Voilà son aveu, c'est le fait, et on ne peut en tirer aucune conséquence.

Enfin, le prix élevé des reports ne prouve rien, parce que ce prix est accidentel. Si en effet il signifiait quelque chose, il prouverait, en se trouvant à 1 ou 2 pour % par mois, que l'intérêt est à 12 ou 24 pour % par an. Prêter sur reports, c'est prêter aux spéculateurs qui ont besoin de fonds ; ces spéculateurs sont en grand nombre dans tous les moments où une opération importante fait espérer des variations. Ayant besoin d'argent on les rançonne, et ils paient 12 pour %, ce qui vaudrait 4 ou 5 dans les temps ordinaires. J'ai déja fait remarquer ce qui arrive aux spéculateurs dans les moments de presse; et on ne peut rien induire de ce qui s'est passé au moment de l'opération, et de ce qui se passe dans certaines liquidations, parce que la même chose arrive à l'égard de toute espèce de spéculation. Les reports étaient à 30 ou 35 centimes pour % avant le projet de réduction, et ils reviennent chaque jour à ce taux, c'est-à-dire aux environs de 4 pour % par an.

Ainsi donc, le dernier emprunt fait à 89, l'obligation d'élever le capital nominal, le prix des reports, ne prouvent rien contre la rente, et il n'en résulte pas que l'opinion lui refuse encore la confiance qui lui est due, et que l'état ne puisse arriver au crédit des banquiers, c'est-à-dire emprunter au-dessous de 5 p. %.

Il en est une preuve frappante. Les fonds sont montés au-dessus de 105, et même à 106; l'intérêt s'offrait donc à moins de 5 à la Bourse. De plus, ce prix est demeuré le même longtemps après l'annonce de la réduction, c'est-à-dire, lorsqu'il était connu que ce n'était pas des 5 pour %, mais des 4 pour % qu'on achetait à 105 et 106. Enfin, les 3 pour % se sont souscrits d'avance à 82 à Amsterdam et Londres, c'est-à-dire que sur les deux places, les fonds s'offraient même à moins de 4 p. %.

A cela on répond encore, que c'est l'agiotage des compagnies qui a élevé les fonds publics à cette valeur. D'abord de 55, taux du premier emprunt, à 100, taux qui a fait songer à la réduction, la compagnie n'était pas là pour agioter, et certes il y a une cause générale qui a élevé les fonds, et fait prospérer le crédit. Cette cause, fût-elle le jeu, serait encore assez rassurante; car si elle a pu porter si haut et si long-temps la rente, elle a toute la puissance qu'on peut desirer, et la rente jouée aurait tous les avantages de la rente classée.

Mais laissons cette manière de raisonner, et rentrons dans l'hypothèse même de ceux qui attribuent à la compagnie l'élévation des fonds. Eh bien, que pouvait-elle faire pour maintenir la rente au-dessus du pair? Elle aurait prêté aux spéculateurs, ou acheté elle-même; il n'y avait pas d'autres moyens : elle s'engageait donc par-là, non-seulement à maintenir actuellement la rente dans cet état, mais à l'y soutenir encore après que l'opération aurait été terminée avec les rentiers. Elle avait donc promis, soit pour aujourd'hui, soit pour l'avenir, des capitaux à 4 pour %, et cela jusqu'à la concurrence de 2 milliards 8 cents millions! Et la compagnie, que représentait-elle? tous les spéculateurs européens. Ces spéculateurs européens, qui sont-ils? des capitalistes qui fournissent momentanément des fonds, dans la certitude que les rentiers véritables arriveront après eux, pour donner les leurs à un taux encore plus avantageux. Tous les spéculateurs européens pensaient donc que les capitaux se donneraient bientôt à la France à l'intérêt de 4 pour % et même moins. Or, tous ces spéculateurs ensemble se seraient-ils trompés? Peut-on supposer que des gens qui font ce genre de trafic dans toutes les places du monde se fussent si étrangement abusés? Bien certainement non : ils savaient, par une expérience constante, que chaque opération produit un *ravisé* dans les capitalistes, les fait songer aux avantages de la rente et les fait accourir vers elle, de sorte qu'après chaque emprunt, ils viennent la recueillir à un prix toujours supérieur à celui de l'émission.

C'était un semblable événement que tous les spéculateurs européens avaient prévu ici; et on ne peut pas dire que peu leur importait de se tromper, parce qu'ils se seraient retirés au premier danger, et auraient laissé tomber la rente. On peut raisonner ainsi quant aux spéculateurs isolés qui pouvaient se retirer à volonté, et l'un indépendamment de l'autre; mais la compagnie formait une masse de 120 à 150 individus, liés les uns à l'égard des autres, engagés pour 3 ou 400 millions, et ne pouvant agir que de concert. Or, 3 ou 400 millions, obligés de marcher ensemble, ne peuvent se dérober à la fois dans le moment du péril, et n'ont le moyen de se retirer qu'à mesure qu'ils sont volontairement remplacés. La compagnie engagée pour une telle somme ne devenait donc libre que lorsque l'opération aurait complètement réussi; et toute erreur à cet égard lui aurait été trop préjudiciable pour que l'on puisse admettre qu'elle eût voulu s'y exposer.

Ainsi donc, si la compagnie est intervenue à la Bourse pour soutenir les cours, son intervention prouve que les principaux spéculateurs européens s'engageaient, à leurs risques et périls, à fournir des fonds à 4 pour %, et que pour les fournir ils s'engageaient à les trouver. Et l'importance de cet engagement ne leur inspirait pas des inquiétudes bien vives, car leur opinion du succès était fondée sur un fait bien simple. 2 milliards 800 millions se sont fait leur place à la Bourse; plusieurs années de séjour ont prouvé qu'ils ne voulaient pas, ou ne trouvaient pas de meilleur emploi. Or, aujourd'hui leur eût-il été possible de se retirer? Même en le voulant, auraient-ils pu créer un emploi nouveau; faire naître tout-à-coup des besoins correspondants à leur masse; en un mot, se creuser un lit pour s'y répandre? Pouvaient-ils aller tout-à-coup dans les prêts à long terme, dans l'industrie, ou chez les notaires? Non sans doute; sauf une légère somme trop mécontente, ils seraient restés tous, et cette légère somme serait rentrée plus tard, du moins en partie, après quelques jours d'humeur. Il serait arrivé par la réduction, ce qui arrive dans un marché : lorsque tout le *public demandeur* ne veut plus payer un certain prix, le *public vendeur* est obligé de céder. Or, l'état réunissant à lui seul toute *la demande*, obligeait forcément le prix à baisser; et si la réduction qu'il imposait était légale, si déja elle avait eu lieu par tout et sous toutes les formes, cette réduction n'était pas une violence. La nécessité où était le rentier de rester, prouve même la justice de cette prétendue contrainte, car la loi ne leur en était pas imposée; et s'ils restaient, c'est qu'ailleurs ils ne pouvaient pas trouver mieux.

L'état pouvait donc, parlant au nom de tous les emprunteurs, dire à tous les prêteurs : Je ne donne plus que 4 p. %. Et les prêteurs, ne trouvant pas mieux, étaient forcés de céder, par une loi que tous les jours la *demande* fait subir à l'*offre*.

Ajoutons une autre considération. La France donne 5 pour % lorsque Naples donne 5 $\frac{1}{3}$, lorsque l'Angleterre ne donne que 3 $\frac{1}{7}$; ou, en d'autres termes, le capital de la France vaut 100 fr., celui de Naples 94, et celui de l'Angleterre 160. Or, lorsque Naples vaut 94, la France ne vaudrait pas 125! Et lorsque l'Angleterre endettée de 19 milliards, bornée dans son territoire, et devant beaucoup à des relations éloignées, vaut 160; la France engagée seulement pour 3 milliards, propriétaire d'un sol admirable, et entrant dans un avenir industriel immense, la France ne vaudrait que 100! Si, comme les États-Unis, qui valent cependant 110, la France était à 1500 lieues des grands marchés des capitaux, on pourrait concevoir que le niveau ne pût pas s'établir, parce que les communications sont difficiles à cette distance; mais lorsque Paris et Londres ne font qu'un, par l'intimité qui règne entre les deux places, on aurait là 19 milliards à 3 p. %, et on ne pourrait pas avoir ici 2 milliards 800 millions, je ne dirai pas à 3 pour %, mais à 4! Il faut en convenir, une telle impossibilité serait étrange. On dit, à la vérité, qu'à Londres on aime plus les fonds publics qu'à Paris, qu'on en a beaucoup plus l'estime et le goût : soit, mais les Anglais, sous ce rapport, ne sont plus aussi exclusifs ; ils estiment notre probité et apprécient notre avenir ; et l'emprunt se faisant à Paris, se faisait en même temps aussi à Londres. Ayant la certitude d'y négocier une somme triple de celle que les rentiers ont retirée, il n'y avait aucun danger réel à attendre leur retour.

Je me résume donc, et je dis :

L'intérêt est infiniment variable, suivant les lieux, l'abondance des capitaux, l'étendue de la demande, le danger du placement, et la solvabilité de l'emprunteur :

S'il est un prix auquel l'état qui emprunte doive s'en rapporter, c'est le prix qui règne dans les grands marchés, où il a la faculté de se présenter :

Or, dans les grands marchés, les banquiers ne donnent que de 3 à 4 p. $^{0}\!/\!_{0}$. L'état en donnant 4, offre donc une supériorité de prix, avec une sûreté plus grande, une mobilité plus immédiate, et une foule d'autres avantages connus.

A la vérité, l'opinion que sa solvabilité mérite n'est pas encore tout ce qu'elle doit être. Cependant, en émettant à 3 $\frac{1}{2}$ les bons royaux, il est admis à emprunter au même prix que tous les autres banquiers ; et ces bons n'offrant pas plus de garanties que la rente, avec des chances démontrées avantageuses de moins, prouvent que, par l'emprunt ordinaire, il peut avoir les fonds au taux du commerce.

L'objection tirée du dernier emprunt à 89, qui s'est fait à 6 p. %, est nulle, parce qu'il fut fait il y a un an, et avec la perspective de la guerre.

La nécessité d'élever le capital nominal ne prouve rien, sinon que l'intérêt peut être à 4, mais non encore à 3.

Le prix des reports n'est qu'accidentel, et ne signifie rien encore quant à l'état de l'intérêt à la Bourse.

L'élévation croissante au-dessus du pair, alors même que la rente devait être convertie de 5 en 3 p. %, à 75, prouve que les capitaux consentaient à la réduction à 4.

La compagnie représentant les spéculateurs, et ne pouvant agir qu'avec leurs fonds, ne pouvait soutenir la rente qu'autant qu'ils pensaient que l'intérêt pourrait se maintenir à 4, et il n'est pas présumable qu'ils se trompassent tous.

La preuve qn'ils avaient de leur opinion, c'est la hausse constante qui suit chaque opération, et l'impossibilité où les 2 milliards 800 millions se trouvaient de se placer mieux ailleurs; et dès-lors, l'état, seul, maître de toute la demande, était maître en même temps de tous les prix.

Enfin, il était absurde que lorsque l'Angleterre, dont la bourse est en communication immédiate avec la nôtre, ne paie que 3, nous fussions réduits à payer 5; que n'ayant engagé notre avenir que pour 3 milliards au lieu de 19, que possédant le plus beau sol, et entrant dans le plus bel avenir industriel, nous ne pussions pas nous élever du moins à 125, et qu'ainsi nous ne valussions guère que 100 lorsque Naples vaut 94, et l'Angleterre 160.

Enfin, rien n'eût été plus facile que d'entamer avec l'Angleterre une opération pour des sommes considérables qui se seraient volontiers données même au-dessous de 4 p.°/₀. Ce secours momentané nous assurait le moyen d'attendre le retour des rentiers; si, comme il est peu probable, il en était parti un grand nombre.

Rien n'était donc plus réel, plus facile, plus juste que la réduction de l'intérêt à 4.

N. B. Ce qui vient de se passer à la Bourse, au moment où s'imprime cet écrit, ne détruit aucun des faits que j'ai établis.

15 à 20 millions de rentes se trouvent aujourd'hui entre les mains des spéculateurs, qui n'ayant point les capitaux pour les payer, empruntent 3 ou 400 millions chaque mois par la voie *des reports*, parce qu'ils espèrent la hausse, ou qu'ils ne veulent pas se soumettre à la perte du prix d'achat de ces rentes comparé au prix du jour. Les reports étaient faits en grande partie au taux de 50 centimes. Quelques spéculateurs croyant mieux faire en différant, ont attendu le dernier moment; la goutte d'eau a fait déborder le verre, et la cupidité a profité de l'embarras occasioné par l'imprévoyance.

Du taux de 5 à 6 pour °/₀ auquel on avait emprunté pendant tout le courant du mois, les reports se sont élevés tout-à-coup à 20 et 25 pour °/₀, pour redescendre immédiatement à 9, et deux jours après à 4 et même 3 pour °/₀, puisqu'ils ont été cotés à 25 et même 10 centimes.

Eh bien! que veut-on conclure de cela? que l'intérêt a été à 25 pour °/₀, à 9, à 5 ou à 3? Il y a du choix pour les opinions, et chacun aura raison soit qu'il s'appuie sur un fait, soit qu'il s'appuie sur un autre. Mais je le demande, serait-ce là une manière bien puissante de raisonner? ce qu'il y a de certain, c'est qu'au moment même où les reports sur notre rente étaient déja tombés à 9 pour °/₀, les reports sur les fonds étrangers se maintenaient à 36 pour °/₀, tandis que les bons du Trésor, les annuités, le papier de Banque et les billets des boulangers, se négociaient, au même instant, sur le même lieu et par les mêmes agents, à raison de 4 pour °/₀.

A la Bourse, comme ailleurs, il n'y a ni excédant, ni insuffisance; il y a du mal joué et du désordre. N'est-on pas humilié, en effet, de penser que le vide momentané de 7 à 8 millions ait pu produire un pareil trouble, lorsqu'à cent pas du lieu où il arrive, 150 millions de capitaux oisifs étaient en attente pour que l'on en disposât au prix de 4 pour °/₀ par an ! Il faut convenir que les moyens de circulation et de crédit sont bien peu connus en France, et que nos institutions s'accordent mal avec nos besoins.

La Banque de France a pris une mesure sage qui sera d'une grande utilité pour la Bourse; mais on ne doit pas se faire illusion sur les difficultés de sa situation.

Le projet de la réduction de la rente avait décidé à vendre une somme considérable de 3 pour °/₀ avec bénéfice dans l'étranger. Le rejet de la loi a rendu ces ventes nulles; et 3 à 400 millions qui devaient ainsi venir remplacer successivement les capitaux que les rentiers avaient retirés de la Bourse, ne venant plus à son secours, les spéculateurs, obligés de se procurer ces capitaux d'une autre manière, se trouvent dans l'alternative de vendre et de faire baisser la rente, ou d'emprunter et de faire élever le prix des reports.

Et que l'on ne dise pas qu'il en eût été de même dans le cas où la mesure aurait été adoptée. Alors la compagnie était là avec toute la puissance de ses moyens, accompagnée des vœux et de la confiance de tous les capitalistes de l'Europe. Aujourd'hui les speculateurs français sont abandonnés à eux-mêmes; et comme les esprits ne sont jamais dans un complet repos, on se persuade facilement que l'on a tout à craindre lorsque l'on voit qu'il n'y a plus rien à espérer.

La rente en effet n'est plus, pour le moment du moins, une *valeur de crédit*, offrant un attrait à la spéculation. Elle n'est plus au taux de 5 pour °/₀, et on a fait tous les efforts pour établir qu'elle ne pouvait pas s'élever à 4. Nous l'avons mise au-dessous des bons du Trésor et des reconnaissances de liquidation; elle a perdu sa force, parce qu'elle n'a plus de mouvement; elle ne présente plus la marge de 100 à 125 à ceux qui n'avaient jamais cru la réduction possible, ni la marge de 75 à 100 à ceux qui avaient spéculé sur la conversion.

Il n'y a qu'un moyen de sortir de cet état de gêne et de danger, c'est de s'expliquer franchement sur l'avenir. Renonce-t-on à la mesure? ou a-t-on l'intention d'y revenir? Voilà aujourd'hui toute la question.

QUATRIÈME QUESTION.

La réduction de l'amortissement serait-elle préférable à la réduction de l'intérêt?

Après avoir démontré que la mesure proposée n'était point illégale, point rigoureuse, point intempestive, et que la loi, l'équité, et le prix actuel des capitaux permettaient d'agir sur-le-champ, il semble qu'il ne faudrait plus s'occuper que du mode d'exécution. Mais avant d'en arriver à l'exécution même, il faut prouver encore une dernière vérité: c'est que la réduction de l'intérêt est le seul moyen d'arriver au but démontré juste et nécessaire; et que la réduction de l'amortissement qu'on a voulu lui substituer, loin d'être un moyen facile et avantageux d'obtenir les mêmes résultats, n'est que la complète désorganisation du système de crédit, l'affaiblissement de la puissance de l'état, et la ruine des contribuables.

« Il est juste, ont dit quelques personnes,

« que l'état ne paie les capitaux que ce qu'ils « valent, et qu'il recueille l'économie, à laquelle « la diminution générale de l'intérêt lui donne « droit. Mais, pour faire cette économie, n'a- « t-il que le moyen de réduire la rente? Pour- « quoi, par exemple, ne pas réduire l'amortis- « sement? L'amortissement a été établi dans « l'intérêt du rentier; c'est un engagement « pris avec lui, de racheter une partie de la « dette, c'est-à-dire, d'acquitter les effets qu'on « lui a souscrits, et par ce rachat successif, « d'en soutenir, d'en élever même la valeur. « Mais l'action de l'amortissement ayant élevé « ces effets, même au-dessus du capital no- « minal de 100, le service que le rentier en « attendait est complet et suffisant; il ne « peut pas exiger que l'état les rachète au- « dessus du capital fictif qu'il a supposé devoir, « et pour une partie près du double du ca- « pital réel qu'il a reçu. L'état s'est pour ainsi « dire acquitté, en élevant le capital réel à la « valeur du capital nominal, et en faisant que « 55 ou 60 d'autrefois valussent 100 aujour- « d'hui. L'amortissement peut donc être réduit. « Or, l'état ferait ici un profit bien autrement « considérable ; car la dotation annuelle de l'a-

« mortissement s'élevant, tout compris, à en-
« viron 80 millions, ne la réduirait-il qu'à la
« moitié, il ferait une économie annuelle de
« 40 millions, bien supérieure à celle de 28,
« qu'on se proposait de faire par la réduction
« de l'intérêt; et les vrais rentiers, ceux pour
« lesquels l'élévation progressive du capital
« n'est rien, et pour lesquels le revenu est
« tout, ne souffriraient en rien de cette réduc-
« tion de l'amortissement. »

Or, gagner annuellement 40 millions au lieu de 28, ne rien retrancher aux vrais rentiers, donner à tout le monde, sans rien prendre à personne, c'est un véritable âge d'or.

Cependant entre les rentiers et les contribuables, il n'y a personne. Le Trésor ne possède rien et ne peut rien fournir de son propre fonds. Ainsi donc rien ne peut être laissé de *trop* aux uns, sans que ce *trop* manque aux autres, et le vide doit exister quelque part. Or, si on donne 40 millions annuellement aux contribuables, sans rien enlever aux rentiers, il y a quelque secret bien puéril dans cette opération; et ce secret, on va voir qu'il n'est pas difficile à découvrir.

Voici comment on raisonne :

L'amortissement est, dit-on, un engagement pris avec le rentier d'acquitter annuellement une partie des titres qu'on lui a souscrits, d'en élever ainsi la valeur au-dessus de leur valeur première.

S'il en était ainsi, on aurait sans doute raison, et le miracle serait accompli; mais en suppléant à une légère omission, le prestige s'évanouit, et on voit disparaître cette source inconnue de richesses.

L'état qui émet des rentes, ai-je dit, suppose des *valeurs futures*, comme le commerçant qui souscrit une lettre de change ou un billet. Or, pour réaliser ces valeurs futures, que fait-il? Il séquestre un capital annuel, qu'il emploie toujours *reproductivement.* Ce capital, il le transforme progressivement en son propre papier, jusqu'à ce qu'il en ait absorbé toute la masse. Tel est le procédé de l'état lorsqu'il amortit. Mais qu'on examine bien son véritable objet. Ce n'est pas seulement d'*élever* son papier, mais bien de le détruire; c'est là son but principal, essentiel. Sans doute, en l'absorbant il l'élève; car cette promesse d'une valeur future, doit augmenter de prix par son accomplissement quotidien. Mais n'est-ce pas là un simple accessoire, et le but est-il d'augmenter la probabilité du fait, ou bien de réaliser le fait lui-même? bien évidemment le but essentiel est de racheter la dette, bien plus encore que de soutenir l'espérance des créanciers. Or, en dispensant les contribuables de 40 millions par an, l'état ne fait que leur demander la moitié moins du capital, destiné à l'*emploi reproductif*, il les dispense de la moitié des économies, et prolonge leur dette d'un nombre proportionnel d'années. Or, ce qu'ils ne donnent pas aujourd'hui, il faudra qu'ils le donnent un jour; ils n'ont donc rien gagné à différer l'acquittement du capital.

Mais s'ils n'ont rien gagné quant au capital, on va voir ce qu'ils ont perdu quant à l'intérêt. L'état a renoncé en opérant sur l'amortissement, à une réduction d'intérêt. Si cette réduction eût été d'un cinquième, il perd ce cinquième pendant toute la durée qu'aurait eu la dette, et pendant toutes les années que la réduction de l'amortissement y a ajoutées. Et non-seulement cette perte d'un cinquième se répète chaque année de la durée et du prolongement de la dette, mais elle s'augmente à mesure que le prix naturel des capitaux diminue, et que la réduction qu'on n'a pas faite, aurait pu devenir plus grande.

Ainsi, réduire l'amortissement, ce n'est pas diminuer ce qu'on doit, c'est seulement en différer le paiement, c'est en devant la même somme, et en se condamnant toujours à la payer un jour, la répartir sur un plus grand nombre d'années. Or, en s'enfonçant ainsi dans l'avenir, sous la condition de ne pas réduire, l'état perd de différentes manières : il paie trop pendant toute la durée qu'aurait eue la dette, et pendant la durée qu'on y a ajoutée ; enfin, chaque année ce *trop* s'augmente, de toute la valeur dont le prix des capitaux diminue.

On conçoit que les rentiers fussent satisfaits d'une telle proposition. Supposez en effet, qu'au lieu de réduire l'amortissement, l'état le supprimât tout-à-fait ; il ferait comme un débiteur qui assemblerait ses créanciers, et leur dirait : *Vous voyez par l'offre que je vous fais, de racheter chaque jour vos créances, que j'en ai les moyens ; cette offre doit suffire à votre confiance. Stipulons donc que je serai éternellement votre débiteur, et que je vous paierai éternellement l'intérêt actuel. Cela doit vous convenir, puisque vous ne voulez pas un ca-*

pital, mais un revenu fixe; cela me convient à moi parce que je veux me dispenser de l'économie annuelle.

Certes l'état devrait les réjouir fort, car si d'un côté il renvoyait à jamais le paiement du capital, de l'autre il leur supporterait une rente toujours plus excessive, à mesure que par la diminution du prix des capitaux, il leur paierait un intérêt toujours supérieur à celui du jour. Quelle serait en effet la joie de ceux qui ayant donné 55 francs de capital pour 5 fr. d'intérêt, et qui reçoivent ainsi à peu près 9 pour %, s'assureraient un revenu éternel de 9 p. %, lorsque l'intérêt ne serait plus qu'à 5, 4 et 3 pour %. On conçoit bien le calcul du créancier, mais la conduite du débiteur ne serait-elle pas celle d'un insensé? Un particulier dans ce cas n'aurait jamais une fortune libre, et la verrait tous les jours se réduire par l'excès de l'intérêt qu'il aurait à payer; un gouvernement augmenterait la charge des contribuables, et se mettrait dans l'impossibilité de se livrer à de nouveaux emprunts.

Ainsi donc opérer par la réduction de l'amortissement, est la plus désavantageuse et la plus déraisonnable de toutes les manières d'aller au but proposé; c'est une désorganisation du système de crédit, une véritable absurdité qu'on peut réduire à ces mots : moins amortir c'est différer ; différer sous la condition de ne pas réduire c'est s'engager à payer *trop*, et à *payer* ce *trop* indéfiniment. C'est en un mot prolonger au lieu de l'abréger, une dette onéreuse, et s'interdire les nouveaux emprunts que la nécessité pourrait commander.

Il reste à démontrer maintenant que toutes les manières d'agir sur l'amortissement, reviennent identiquement à cette erreur fondamentale.

Quelques personnes ont proposé, par exemple, d'annuler une portion des rentes amorties. Les rentes appelées de ce nom, sont celles que l'état a acquises, et auxquelles il paie l'intérêt qu'elles rapportent, en employant ensuite cet intérêt, en nouvelles acquisitions de rentes. Les annuler, c'est mettre fin à l'intérêt qu'on leur paie, c'est ne plus employer le capital *reproductivement*, en rendant au contribuable l'intérêt qu'eût porté cette rente amortie. C'est diminuer, en un mot, la puissance de multiplication du capital des économies, c'est reculer le terme de l'acquittement; et comme en même temps on s'interdit de réduire l'intérêt, c'est retomber dans l'erreur commune du prolongement d'une dette onéreuse.

D'autres personnes ont imaginé de suspendre l'action de l'amortissement, quand la rente est à 100 fr.; mais alors que faire du fonds annuel? ou l'on veut le supprimer, et on retombe dans l'inconvénient de prolonger éternellement une dette toujours plus onéreuse; ou bien on veut, sans supprimer le fonds d'amortissement, le faire valoir autrement que sous la forme de rentes, c'est-à-dire, acheter, prêter, spéculer, faire enfin fructifier ce fonds de quelque manière.

D'abord faire valoir autrement le fonds, suppose un moyen de placement plus avantageux : Sans doute ce n'est pas dans le commerce, puisque l'intérêt est à 3 ou 4 p. %; sans doute ce n'est pas dans des entreprises, car l'état ne doit pas se faire commerçant, et il ne doit pas exposer le gage de sa dette à des hasards, car il renouvellerait tout-à-fait le système de Law. reste alors le placement à long terme, et les acquisitions immobilières. Mais le placement à long terme empêche l'état de pouvoir disposer de ses fonds, de venir ainsi au secours de son papier, de le soutenir quand il baisse, et en le soutenant de le racheter quand il est à bon marché. Il en serait de même des acquisitions immobilières. Et dans tous les cas l'état ne trouverait ni à placer sur hypothèques, ni à acheter en terres pour 80 millions par an; ou s'il le faisait, il aurait bientôt avili par la concurrence ces deux espèces de placement, et les aurait ramenés au prix de tous les autres. Ainsi de quelque manière que l'état voulût faire valoir ses économies, il trouverait ou des chances qu'il ne doit pas braver, ou l'immobilité qui ne lui permettrait pas de soutenir son papier, et d'user avantageusement de ses fonds; et dans tous ces cas, il percevrait un intérêt ou moindre, ou bientôt moindre que celui de la rente; enfin il commettrait la faute d'un homme qui va spéculer, acheter ou prêter lorsqu'il doit lui-même, et prêter à un taux moins cher que celui auquel il a emprunté.

Enfin, il y a une troisième classe de personnes qui, admettant la continuité du fonds annuel d'amortissement, et son emploi en rentes, voudraient qu'au-dessus du pair l'état ne rachetât plus au cours, mais remboursât selon son titre, c'est-à-dire au prix de 100.

Ici on rentre dans le système de remboursement forcé à 100, mais c'est y rentrer d'une manière partielle, injuste et dommageable. Rembourser partiellement, au lieu de rembourser en entier par le moyen d'un emprunt unique, c'est s'exposer d'abord aux dangers d'une opération répétée, dangers que je ferai connaître plus tard; c'est, de plus, commettre une injustice envers ceux qu'on rembourse les premiers, les eût-on choisis au sort, et c'est faire perdre à l'état l'intérêt qu'on paye de trop à ceux qu'on rembourse les derniers. Or, s'il faut 35 ans pour éteindre toute la dette, en donnant 80 millions par an, on jugera de toute l'injustice commise envers les premiers remboursés, et de la perte essuyée par l'état avec ceux qui le seraient les derniers. Enfin, c'est tout simplement perdre l'avantage immense de l'intérêt composé, car en employant tous les ans 80 millions à annuler des rentes, c'est les annuler sans les faire produire, comme dans le cas de la rente simplement *amortie.* De tous les moyens ce dernier n'est donc pas le moins vicieux, puisqu'il établirait entre les diverses classes de rentiers une inégalité de jouissance de 35 années, qu'il ferait supporter cette inégalité à l'état, qu'il détruirait les avantages de l'intérêt composé, et rendrait l'opération presqu'éternelle.

Ainsi donc on peut dire en peu de mots :

Amortir sous condition de ne pas réduire, c'est prolonger une dette que la non-réduction rend tous les jours plus onéreuse ; c'est, comme je l'ai dit, *payer trop*, et *payer ce trop indéfiniment ;*

Annuler tout ou partie des rentes amorties, c'est faire cesser *l'intérêt composé* ou *l'emploi reproductif*, c'est prolonger la dette, et avec la dette la perte de non-réduction ; c'est retomber, d'une autre manière, dans le cas précédent ;

Maintenir le fonds annuel d'amortissement, mais le faire valoir autrement qu'en rentes, est dangereux, impossible, point avantageux sous le rapport du produit, et enfin contradictoire avec le but de l'acquittement ; c'est *spéculer*, au lieu de payer ce qu'on doit ;

Employer enfin les fonds annuels en remboursements partiels et au pair, constitue une opération partielle, injuste, dommageable et presque éternelle, et destructrice de l'intérêt composé.

Toutes ces manières de faire sont donc comprises, plus ou moins, dans la faute grave de réduire l'amortissement, et quelques-unes y ajoutent des *impossibilités*.

Ainsi après avoir prouvé que la réduction de l'intérêt réunit la légalité, la justice, l'à-propos, il faut ajouter qu'elle est le seul moyen d'atteindre le but proposé; que la suppression de l'amortissement n'est qu'une erreur grave; qu'au lieu de demander à ses créanciers une diminution de prix à laquelle on a droit, c'est s'abstenir d'économiser, c'est différer ainsi l'acquittement, et s'obliger à supporter plus long-temps un intérêt qui déja est injuste aujourd'hui, et qui le sera toujours davantage.

Or, loin de se replier sur cette ressource depuis que la loi est rejetée, on devrait au lieu de diminuer l'amortissement, l'augmenter, car lorsqu'une dette est onéreuse, quel est le parti le plus sage? est-ce d'en prolonger, ou d'en abréger la durée?

CINQUIÈME QUESTION.

Le mode d'exécution proposé par l'état, n'était-il pas le seul possible?

Je passe maintenant à la discussion du projet présenté par le ministre, c'est-à-dire, au mode d'exécution. Cette partie de la question ne regardait pas les banquiers; il leur suffisait que l'opération fût en elle-même légale, équitable, utile, pour qu'ils dussent y prendre part. Si le ministre organisait bien ou mal le plan d'exécution, le mérite ou la faute en était à lui, et ce ne pouvait être une considération pour écarter de l'opération ceux qui avaient le projet de s'y associer. Je ne suis donc en rien responsable du plan proposé par le gouvernement, je n'y ai d'ailleurs pris aucune part, je ne l'ai connu qu'au moment de sa publication, et je n'ai aucun motif personnel d'en faire l'apologie; mais comme j'écris ici pour l'entier éclaircissement de la vérité, je crois devoir étendre cette discussion jusqu'au plan lui-même; je ne dirai donc pas qu'il était le meilleur, le plus doux pour les rentiers, le plus avantageux pour l'état, je dirai ce qu'il m'en semble, *c'est qu'il était le seul possible.*

L'opération dont il s'agit pouvait, dans l'exécution, se réduire au fait suivant :

Étant démontré par l'élévation de la rente au-dessus du pair, que les capitaux s'offrent à moins de 5 pour %, s'adresser aux capitalistes qui prêtent à moins de 5, et contracter avec eux un emprunt, pour rembourser les anciens prêteurs, à moins que ces derniers ne veuillent réduire le prix de leurs fonds au taux du jour.

Mais à l'aspect de ce fait si simple naissent une foule de questions :

1° *Fallait-il rembourser tous les rentiers à la fois, et faire un emprunt unique, ou rembourser successivement par le moyen de plusieurs emprunts ?*

2° *Fallait-il réduire l'intérêt à* 4 $\frac{3}{4}$, *à* 4 $\frac{1}{2}$, *à* 4 *pour cent ?*

3° *Quels avantages fallait-il faire aux nouveaux prêteurs, et pour cela quelle forme fallait-il donner au nouvel emprunt ?*

4° *Fallait-il se servir des compagnies ? Comment fallait-il les faire concourir au nouvel emprunt, et combien fallait-il payer leur concours ?*

Je vais parcourir successivement ces différentes propositions :

1° *Faut-il rembourser tous les rentiers à la fois, et faire un emprunt unique, ou rembourser successivement par le moyen de plusieurs emprunts ?*

J'ai déja démontré précédemment que l'état réel de l'intérêt était dans les placements mobiles, non-seulement au-dessous de 5, mais souvent à 4 et même à 3 pour %; que de tous ces placements, la rente était le plus mobile, le plus sûr, le plus commode, le plus dégagé de soins et d'inquiétudes; qu'il était exempt d'impôts, de saisie, et qu'il offrait tous les attraits de la spéculation; que ces immenses avantages étaient déja tous appréciés, et le seraient tous les jours de plus en plus; qu'ainsi l'intérêt de 5 était exorbitant, puisque le commerce, sans tous ces avantages, ne payait que 3 ou 4 pour %. Ou il faut se refuser à l'évidence, ou il faut admettre tout cela. Fondée sur cette persuasion, l'opération devenait la chose du monde la plus facile.

Les rentiers ne pouvaient trouver ailleurs d'aussi grands avantages, et quand on leur aurait donné encore plus de temps, ils n'y auraient pas réussi. Eux-mêmes ne le croyaient pas, et ils étaient tous persuadés qu'à moins de placer sur hypothèque, on ne pouvait trouver nulle part 5 pour %. D'après la justice de la réduction, et l'opinion qui régnait chez la plupart des rentiers qu'ailleurs ils ne trouveraient pas mieux, devait-on hésiter à agir sur-le-champ? Fallait-il un seul délai, dans une chose juste et possible?

Sans doute sur la masse des rentiers il y en avait quelques-uns qui ne pensaient pas que la chose fût juste, ni que le prix qu'on leur offrait fût le meilleur possible; ceux-là se seraient retirés, et auraient demandé le remboursement. Eh bien! ceux-là on les remplaçait par d'autres, dont on s'était assuré d'avance en s'adressant à des banquiers. Le fait a d'ailleurs prouvé la vérité que j'avance ici. En effet, le remboursement était annoncé, et devait avoir lieu au 22 septembre prochain à 100. La rente était cependant à 105, et même à 106; certes c'était bien le cas de vendre, pour ceux qui voulaient se faire rembourser, puisqu'il valait mieux avoir en avril ou mai, 105, que 100 en septembre. Tous ceux donc qui restaient avaient l'intention évidente de conserver leurs rentes, et on ne pouvait considérer comme partants que ceux qui vendaient dans le moment. Or, il n'y a eu que 12 à 15 millions de rentes vendues, c'est-à-dire, qu'il n'y a eu qu'un neuvième ou un douzième des rentiers qui, mécontents de la réduction et espérant mieux ailleurs, ont songé à quitter la Bourse pour aller chercher un sort plus avantageux.

On avait donc eu raison d'imaginer que, vu les avantages du placement et l'opinion qu'on s'en formait, le remboursement à exécuter serait peu considérable. L'opération devenait alors fort simple; elle pouvait s'exécuter en une seule fois, en peu de temps, à peu de frais, et avec peu de déplacement et de péril. Pourquoi donc alors diviser l'opération en plusieurs parts, et faire à diverses fois ce qu'on pouvait faire si vite, et si sûrement en une seule?

Un remboursement successif au moyen d'un emprunt successif, ne pouvait avoir qu'un objet; c'était de ne pas renvoyer tous les rentiers à la fois, pour leur donner le temps de chercher d'autres placements, et de leur fournir successivement l'occasion de quitter tous, ou presque tous, la rente. Ou le remboursement successif avait ce but, ou il n'en avait aucun. Il supposait donc en trois, quatre ou cinq années, un emprunt intégral de deux milliards huit cents millions. Il supposait que, lorsque les capitalistes actuels familiarisés avec la rente, avec ses mouvements, avec ses avantages, y avaient renoncé, d'autres qui ne la connaissaient et ne l'aimaient pas encore, viendraient la recueillir des mains des mécontents; et cet emprunt énorme on le livrait à tous les hasards de l'avenir, et on prolongeait ce terrible problême pendant trois, quatre ou cinq années.

Ensuite, de quel droit diviser les rentiers en plusieurs classes, et leur dire : vous, vous perdrez un cinquième de votre revenu, dès aujourd'hui; et vous, vous conserverez ce cinquième, pendant quatre ou cinq années de plus. Fît-on cette distinction au sort, comme je l'ai déjà dit, en aurait-elle été plus juste? Mais allons plus loin. Supposez que des circonstances imprévues, dont il ne faut jamais nier la possibilité, survinssent au milieu de ces emprunts successifs, que le troisième, le quatrième, le cinquième devinssent impossibles pour un temps, il en serait résulté que la perte d'un cinquième eût été instantanée pour les uns, et indéfiniment ajournée pour les autres.

De plus, ce déplacement de deux milliards huit cents millions qui auraient quitté une occupation pour en chercher une autre, et qui auraient dû être suivis de deux autres milliards huit cents millions venant les remplacer, et quittant eux-mêmes leurs précédentes occupations, ce déplacement effrayant aurait dû apporter un trouble désastreux dans l'industrie tout entière, et on ne conçoit pas sans effroi ce mouvement d'une masse aussi énorme de capitaux. Mais en supposant cela, le jeu ou la spéculation, qu'on redoute si fort, eût été bien autrement considérable. La spéculation ne peut porter ordinairement que sur la somme de rente déplacée; dans le cas d'un remboursement unique, elle ne pouvait guère porter que sur les 10 ou 15 millions qui s'étaient vendus; mais ici c'eût été sur les 140 millions de rentes que l'on aurait spéculé dans un terme donné; et la table de jeu au lieu de porter deux ou trois cents millions, aurait porté deux milliards huit cents millions.

Enfin l'action des compagnies répétée autant de fois qu'il y aurait eu d'emprunts, et aussi difficile pour chaque remboursement partiel qu'elle l'eût été pour le remboursement intégral, l'action des compagnies aurait coûté quatre ou cinq fois davantage, si on avait opéré quatre ou cinq fois différentes.

En un mot, qu'on se figure tout ce que le placement de deux milliards huit cents millions, suppose depuis huit années, de hasards, de mouvements de fonds, de jeu, de frais, renouvelé à la fois; tout le crédit du gouvernement à refaire en offrant moins d'avantages aux capitalistes; une réduction pendante et ne s'exécutant qu'à fur et mesure que le crédit se rétablirait, et l'injustice de cette suspension se prolongeant avec cette opération, et on aura une idée exacte du remboursement successif (1).

Mais ici on m'arrête : quoi, me dira-t-on,

---

(1) Un emprunt de 560 millions répété cinq fois dans l'espace de deux ou trois années est une opération impossible dans la situation actuelle des choses. Je ne sais pas

vous supposez tout cela, vous faites donc le procès de l'opération, vous avouez vous-même que toutes les calamités qu'on lui reproche sont possibles, qu'il n'y a qu'un moyen de les éviter, c'est de forcer les rentiers à rester, et de les y forcer en les surprenant à l'improviste, en les frappant tous à la fois, en un même jour, de manière à les empêcher d'aller ailleurs à cause de leur grand nombre! Vous avouez que l'opération est désastreuse si elle laisse leur liberté aux rentiers, et qu'elle n'est heureuse, possible, que si elle devient pour eux un vrai guet-à-pens!

Un mot seul va répondre à tout cela.

Moi je ne suppose rien : je pense qu'en donnant beaucoup moins de 5 pour % on accorde encore aux rentiers des avantages supérieurs à ceux que leur offrirait tout autre placement; je pense qu'à peine une petite partie de ces rentiers songerait à se retirer, que par conséquent il serait inutile de vouloir livrer à l'avenir, à ses hasards, ce qu'on pour-

---

si un état voudrait en courir les hasards; mais je suis certain qu'il ne trouverait pas pour l'aider une compagnie qui aurait quelque chose à perdre.

rait faire aujourd'hui même, avec moins de frais, de dangers, avec plus de justice et d'avantage; c'est parce que je pense tout cela que je veux l'opération prompte et entière; mais ceux qui croient qu'il faudrait donner aux rentiers le temps de se retirer, supposent que ces rentiers trouveraient mieux s'ils en avaient le temps; que par conséquent une réduction n'est pas possible, ou n'est pas juste, car pour devenir possible il faut qu'elle devienne violente; ceux donc qui pensent ainsi ne devraient pas alors admettre l'idée du projet, ils ne devraient pas même proposer un plan, ils devraient tout proscrire, non-seulement l'exécution, mais l'opération même. En effet, il n'y a point de milieu : ou l'on croit que les rentiers, en recevant 5 pour %, reçoivent trop, que dans tout autre placement ils n'auraient pas droit d'attendre autant, que par conséquent en les réduisant on fait une chose juste et raisonnable, et qui en éloignera un très-petit nombre, alors il faut agir sur-le-champ, en se procurant les moyens de remplacer tout de suite ce petit nombre de mécontents : ou bien l'on croit qu'une réduction est prématurée, que, dans l'état de l'intérêt, les rentiers pourraient trouver mieux, et alors il ne faut pas les placer dans le cas de trouver mieux, et mettre ainsi en question toute la fortune publique.

Ainsi donc, un seul remboursement et un seul emprunt, ou point de remboursement et point d'emprunt; point de réduction enfin, et l'entière conservation de l'état actuel des choses.

2°. *Fallait-il réduire l'intérêt à 4 $\frac{3}{4}$, à 4 $\frac{1}{2}$, à 4 pour °/₀?*

Tout ce que j'ai dit sur l'état réel de l'intérêt, doit mettre déja dans le cas de juger s'il convenait de réduire à 4 $\frac{1}{2}$ ou à 4 pour °/₀, les anciens prêteurs ou les nouveaux qui leur seraient substitués.

J'ai si souvent parlé de l'infériorité du placement commercial par rapport au placement dans la rente, et de l'étrange différence de prix entre les deux, puisque l'un, moins avantageux, ne rapportait que 3 à 4 pour °/₀, et l'autre beaucoup plus avantageux sous tous les rapports, produisait 5 pour °/₀, que je n'y reviendrai pas ici. Chacun a compris, et a dû comprendre que ce n'était pas trop faire que de réduire l'intérêt seulement à 4.

Cependant on fait une objection. « Quelles « que soient les raisons de le réduire à ce prix, « elles n'ont pas encore agi sur les capitaux, puis« que la rente n'a jamais été au-dessus de 106, « et que par conséquent l'intérêt n'a jamais « voulu être au-dessous de 4 $\frac{3}{4}$ environ. L'état « donc croirait pouvoir, tout-à-coup et de son « propre chef, réduire l'intérêt d'un franc tout « entier, lersqu'il n'a baissé que d'un quart de « franc ! »

Sans doute s'il s'agissait d'opérer ainsi sur le crédit privé, et tout-à-coup de réduire l'intérêt d'un franc dans les transactions particulières, on commettrait une témérité, parce que le crédit privé ne marche qu'avec la richesse et avec son accumulation progressive. Mais il s'agissait ici d'opérer sur le crédit public, qui marche avec l'opinion, et qui peut comme elle augmenter ou diminuer rapidement. J'ai dit cela ailleurs, et il est inutile de le répéter. Les avantages du placement dans les rentes ayant été long-temps méconnus, et puis soudainement appréciés, le crédit public a fait des progrès rapides, et tout prouve qu'ils le seront toujours davantage; l'état devait donc agir en conséquence. Il avait d'ailleurs, pour se porter ainsi en avant et réduire sur-le-champ l'intérêt à 4, un moyen puissant, c'est de porter lui-même son papier à ce prix; les spéculateurs qui en connaissent les avantages, et qui savent, par une expérience constante, que ces avantages sont à chaque occasion mieux appréciés, se seraient empressés de le prendre, certains de le transmettre encore à un plus haut prix aux rentiers qui viennent remplacer les spéculateurs à la suite de chaque opération.

La preuve qu'il en devait être ainsi, c'est qu'à Paris, la rente de 4 pour cent on l'achetait à 104 et 105 francs; et que les 3 trois pour % se souscrivaient déja à Londres, et Amsterdam à 80 et 82, c'est-à-dire, à moins de 4 pour cent. La preuve, c'est que si le ministre avait pu promettre des 3 pour % à 75 à la compagnie, elle en aurait vendu avec bénéfice, une somme bien plus considérable que le montant de tous les déclassements. Les capitalistes européens avaient donc prononcé, et comme je l'ai dit ailleurs en parlant de l'état de l'intérêt, il n'était pas à supposer qu'ils se trompassent.

L'état en réduisant tout-à-coup à 4, évitait de répéter trop souvent l'opération, car s'il avait réduit à 4 $\frac{1}{2}$ seulement, il aurait fallu réduire encore à 4, et c'eût été toujours à recommencer. Or, chaque opération entraîne de nouveaux déplacements de fonds qui inquiètent et tracassent le commerce, et offre une nouvelle occasion de spéculation et de jeu, car ce n'est pas dans la hausse progressive et constante que le jeu s'exerce, c'est à chaque transition. Si on avait opéré deux fois, la partie se serait engagée deux fois au lieu d'une ; enfin il aurait fallu deux fois l'intervention des compagnies, et dépenser deux fois les frais de leur concours, qui n'eussent pas été moindres pour chaque opération, parce que les difficultés eussent été aussi grandes pour une réduction d'un demi-franc, que pour celle d'un franc tout entier.

Si tout cela est vrai, l'état avait donc bien fait de réduire l'intérêt à 4, puisqu'il en avait le moyen en portant lui-même son papier à ce degré d'estime; puisqu'il évitait ainsi de répéter l'opération, et en la répétant de tracasser le commerce, d'agrandir le jeu, et de faire de nouveaux frais.

3° *Quels avantages faut-il faire aux nouveaux prêteurs, et pour cela quelle forme faut-il donner au nouvel emprunt?*

Les avantages à faire aux prêteurs qui remplissent un emprunt, ne consistent pas seulement dans l'intérêt qu'on leur accorde, sans quoi tout serait dit quand on aurait déterminé l'intérêt; mais il en est d'une autre nature, et qu'il faut faire connaître ici pour bien apprécier le plan du ministère.

Le contrat que l'état passe avec les prêteurs est tout aléatoire, et doit l'être, parce que, fondé sur le crédit qui de sa nature est éminemment variable, il doit se prêter à ses variations. Ainsi l'état en ne recevant qu'une somme de 55 ou de 64, et en s'obligeant à 100 fr. par son titre, délivre aux rentiers un capital qui peut baisser sans doute au-dessous de 64, ou de 55, et retomber à 40 ou 30 ou 25, mais qui en revanche peut s'élever à 80, 90, 95 jusqu'à 100. La chance de hausse est le dédommagement naturel de la chance de baisse, double condition essentielle de tout contrat aléatoire.

Ainsi, la différence entre le capital fourni, et le capital nominal, exprime le gain que le capitaliste veut faire en dédommagement de la perte qu'il pouvait essuyer. En exigeant 100 pour 55, il veut pouvoir gagner la différence de 55 à 100, sans être arrêté, dans ses profits, à 70, 80, 90. Il en est de même quant à l'intérêt : en exigeant 5 pour 55, c'est-à-dire, 9 $\frac{1}{11}$ pour %, et en ne supposant qu'un intérêt nominal de 5, il veut s'assurer le prix supérieur de 9 $\frac{1}{11}$ pendant tout le temps que le cours mettra à descendre à 5, sans pouvoir être arrêté à 8, 7, 6, etc.

Le fait est donc évident. Les créanciers de l'état traitant à une époque où le crédit peut gagner ou perdre, font de certaines conditions qui peuvent être avantageuses pour eux si le crédit public s'élève, mais qui deviennent désavantageuses s'il vient à baisser. Pour se dédommager de cette dernière chance, ils veulent s'assurer le maintien de leurs conditions pendant un certain espace de temps, de manière que si elles deviennent avantageuses, ils aient une suffisante latitude pour en jouir. En donnant 55 fr. à l'état, ils fixent ces conditions à 9 $\frac{1}{11}$ d'intérêt; en exigeant la mention de 100 fr., ils exigent le maintien de ces conditions jusqu'à la descente de l'intérêt à 5 fr.

Ainsi, règle générale, les conditions se trouvent fixées par *la somme que l'état reçoit*; leur durée, par *la somme qu'il suppose avoir reçue.*

Dans la situation des choses, le gouvernement ayant projeté de réduire l'intérêt à 4 p. %, il s'agissait de savoir pendant combien de temps il assurerait aux prêteurs cet intérêt de 4. Un terme naturel se présentait: ayant réduit de 5 à 4, il était raisonnable de ne plus réduire avant d'être à 3, et d'assurer ainsi aux prêteurs l'intérêt supérieur de 4, pendant tout le temps de la baisse réelle à 3. On avait réduit de 1 fr., et on attendait une baisse de 1 fr. pour réduire encore.

Le capital se trouvait à la Bourse à 103, 104, 105; l'état le portait de suite à 125 à son profit, puisqu'il ne donnait plus que 4 pour %, et qu'il exigeait par conséquent un capital de 125 fr. pour 5 d'intérêt, après avoir reçu 125 fr. pour 5 fr., il fallait qu'il supposât un capital tel que l'intérêt fût à 3 avant de l'avoir atteint, et ce capital était 166 fr. $\frac{2}{3}$.

En recevant en effet 125 fr., en payant annuellement 5 fr., et en supposant 166 $\frac{2}{3}$, l'état payait réellement 4 fr. d'intérêt, et assurait cet intérêt de 4, jusqu'à la réduction naturelle du cours à 3.

Cependant la forme de ce capital était peu commode; on avait donc imaginé une forme plus simple, et mieux divisée; on avait supposé 100 au lieu de 166 $\frac{2}{3}$; exigé 75 au lieu de 125; et assuré 3 francs au lieu de 5; ce qui revenait bien au même, car en recevant 75 fr. pour 3 fr. d'intérêt, l'intérêt était bien à 4; et en s'obligeant à 100, on ne pouvait rembourser avant que l'intérêt fût à 3.

C'est là cette forme si simple et si habilement imaginée, qui a donné lieu à tant de reproches, et qui a fait dire qu'on élevait le capital de la dette d'un tiers, qu'on grevait ainsi l'état d'une surcharge considérable, et que pour alléger le présent on accablait l'avenir.

On doit juger déjà tout ce qu'il y a de futile et d'erroné dans ce reproche, on va en juger mieux encore.

D'abord, conçoit-on un moyen de ne pas élever le capital reçu, d'une certaine somme supposée? conçoit-on, par exemple, qu'ayant reçu 125 fr., on pût ne reconnaître que 125 fr., et faire accepter un titre remboursable à tout moment? il en résulterait que si le capital s'élevait demain au-dessus de 125 fr., c'est-à-dire, que si l'intérêt descendait au-dessous de 4, l'état pourrait dire aux rentiers : hier j'ai contracté avec vous à 4, mais aujourd'hui l'intérêt est à 4 moins $\frac{1}{5}$ ou moins $\frac{1}{6}$, je vous rembourse. Si au contraire le capital descendait au-dessous de 125, et que l'intérêt s'élevât au-dessus de 4, l'état ne pourrait pas parler ainsi, parce que le capital réel serait au-dessous du capital reconnu, et le créancier garderait la rente. Mais quel serait ce cas? ce serait celui même où la rente aurait perdu ; le créancier ne pourrait donc espérer de la garder que si elle valait moins; mais recevoir un titre qui vous est enlevé s'il gagne, et qui vous est laissé s'il vient à perdre, est un marché de dupe, que personne ne pourrait souscrire, et que les tribunaux même annuleraient entre particuliers, parce qu'il offrirait des chances de perte sans aucune chance de gain.

Il était donc inévitable de laisser séjourner le titre dans les mains des créanciers, de manière qu'il participât aux chances de hausse ou de baisse, et que si l'intérêt stipulé était 4, la jouissance de cet intérêt fût assurée pendant un certain espace de temps.

Pour arriver à ce but, il n'y avait que deux moyens, ou d'élever le capital nominal, ou de déclarer qu'on ne rembourserait pas avant un certain nombre d'années. Mais qu'on employât ou l'un ou l'autre de ces moyens, voyons ce qui en serait résulté pour l'état.

Le temps s'écoule, la rente s'élève de 125, capital fourni par les créanciers, à 130, 140, 150; l'état est toujours obligé de racheter *au cours*, quelle que soit la déclaration qu'il ait faite, soit qu'il ait supposé un capital nominal plus fort, soit qu'il se soit engagé à ne pas rembourser avant quelques années.

Ainsi, dans les deux cas, soit qu'il ait fixé ou un terme ou un autre au remboursement, il est obligé, en attendant ce terme, de racheter plus cher qu'il n'a émis, à moins de supprimer le rachat et d'éterniser la dette.

Mais supposez ce terme arrivé. S'il a élevé le capital nominal, et que ce capital soit atteint, il rembourse tout ce qu'il a supposé avoir reçu, et c'est là, dit-on, un désavantage effrayant. Mais s'il n'a pas élevé le capital nominal à 166 $\frac{2}{3}$ par exemple, s'il s'est proposé pour terme un certain nombre d'années, et que ce nombre d'années soit expiré, le capital se sera élevé ou plus ou moins que ce taux de 166 $\frac{2}{3}$. Que fera-t-il alors? remboursera-t-il 125 qu'il a reçus, ou les 160, ou 150 que la rente pourra valoir alors? mais s'il ne remboursait que 125, il volerait les rentiers, car leur capital vaudrait sur la place 160 ou 150; et il les placerait dans le cas même où tout à l'heure j'ai montré qu'ils ne pouvaient pas vouloir se placer, c'est-à-dire, dans le cas où ils recevraient un effet qui pouvait baisser, mais qui ne pouvait jamais s'élever dans leurs mains. Tout à l'heure en effet, je faisais voir que si le capital fourni de 125 pouvait descendre au-dessous de 125, il fallait, par la plus juste des équivalences, qu'il pût s'élever au-dessus; et que si en recevant 125, on fixait le remboursement à 125 même, on donnait aux rentiers une valeur qui avait les chances de baisse sans les chances de hausse, une valeur qui leur restait, si elle baissait, qui leur échappait, si elle gagnait. Or, cette valeur en la retirant après un certain nombre d'années, toute la différence à l'égard des rentiers, c'est qu'ils auraient joui pendant quelque temps, de la supériorité de l'intérêt de 4 sur 3 $\frac{3}{4}$, sur 3 $\frac{1}{2}$, sur 3 $\frac{1}{4}$, mais l'injustice, quant au capital, serait absolument la même. Le terme d'une ou plusieurs années ne peut donc être proposé et accepté, comme étant dans la nature du contrat aléatoire, que si l'état s'oblige à rembourser les effets, au taux où ils seront le jour de l'expiration du terme.

Ainsi l'état ne peut échapper à cette double condition, de racheter à un taux constamment supérieur, et de rembourser au taux du jour où se fait le remboursement; sinon, je le répète, il volerait les rentiers, car il ne leur paierait pas la valeur que leurs effets ont acquise.

Il est donc évident que fixer un terme de quelques années, ne le dispense pas de reprendre son papier dans l'état auquel l'a porté la prospérité du crédit, et que la prétendue élévation du capital nominal n'est point une charge qu'il s'est gratuitement imposée.

Mais veut-on savoir quel avantage il y a pour lui, à fixer, comme terme du remboursement, un certain taux de la rente, plutôt qu'une certaine époque ?

En fixant un taux pour terme du remboursement, il sait d'avance ce qu'il fait; en reconnaissant, par exemple, 166 $\frac{2}{3}$, il sait qu'il remboursera quand l'intérêt sera à 3, et qu'il ne sera pas obligé de le faire ni avant ni après; en outre, il ne s'oblige à rien, et le remboursement demeure toujours facultatif. Au contraire, en disant : je rembourserai, dans trois ans par exemple, il s'oblige à rembourser au bout de trois années, que cela lui convienne ou non. Ensuite il peut arriver divers cas, au bout de ces trois années. Si le taux est alors au-dessous de 166 $\frac{2}{3}$, et que l'intérêt soit par conséquent à 3 $\frac{1}{4}$, ou $\frac{1}{5}$, la réduction ne se fait pas à un terme précis, et il faut procéder par fractions, ce qui n'est ni clair ni commode. Si le taux est à 166 $\frac{2}{3}$, les situations sont pareilles; mais s'il est au-dessus de 166 $\frac{2}{3}$, l'état a perdu, car il aurait pu rembourser plutôt, et dans ce cas, il faut encore procéder par petites fractions, l'intérêt étant à 3 moins $\frac{1}{4}$ ou $\frac{1}{5}$.

L'élévation du capital nominal n'engageant donc pas à plus d'obligations que la fixation d'un nombre d'années, puisque, dans les deux cas, il faut rembourser au taux du jour, elle a au moins l'avantage de fixer un terme précis et connu. L'état sait ainsi à quoi il s'engage;

il ne dit pas quand il fera la chose, parce qu'il ne peut deviner les effets du temps, mais il dit qu'il la fera quand elle sera possible, et qu'il la jugera convenable pour lui. Fixer au contraire une durée de temps, c'est se faire prophète, c'est dire : je paierai telle marchandise à tel prix, non quand elle sera à ce prix, mais lorsque tant d'années se seront écoulées. — Mais si à l'expiration de ces années elle n'est pas à ce prix, que devient l'engagement?

Maintenant ces fables si sombres sur l'élévation du capital sont sans doute évanouies. On ne dira plus que l'état grévait l'avenir pour l'avantage du présent. Quoi qu'il fasse, il ne peut empêcher que le capital ne s'élève; quoi qu'il déclare, il ne peut échapper à la double condition de racheter au taux croissant de la rente, et de rembourser au taux du jour où il rembourse; dès lors peu importe qu'il se reconnaisse ou ne se reconnaisse pas débiteur de telle somme, puisqu'il n'en est pas moins obligé de la payer aussi forte au terme échu. Le seul avantage pour lui est d'interrompre quelquefois cette élévation continue, en élevant de temps à autre le capital à son profit. Ainsi le capital étant à 100, il l'aurait élevé tout-à-coup à 125 pour son propre compte; de 125 à 166 $\frac{2}{3}$, il l'aurait laissé élever pour le compte du rentier; et à ce dernier prix, lorsque l'intérêt eût été à 3, il aurait pu réduire cet intérêt à 2 $\frac{1}{2}$ par exemple, et par conséquent élever encore le capital de 166 $\frac{2}{3}$ à 200, à son propre bénéfice.

Tout le secret de ces elévations de capital, et de ces remboursements, consiste donc dans ces alternatives de gain entre l'état et les rentiers. Si pour ne pas s'engager à reconnaître un capital plus fort, on ne réduisait jamais, sait-on à quoi on s'exposerait? Par exemple, de 100 à 125, la rente au lieu de monter au profit de l'état, monterait au profit des rentiers; de 125 à 130, 140, 150, elle monterait toujours à leur profit, et jamais le tour de l'état n'arriverait; et ce qu'on craignait pour lui, c'est-à-dire, qu'il s'engageât à payer plus qu'il n'a reçu, arriverait bien plus sûrement, puisqu'il rachèterait à 130, 140, 150, sans avoir bénéficié de 100 à 125. Il n'y aurait qu'un moyen de le tirer de cette situation, ce serait de ne plus amortir, c'est-à-dire d'éterniser la dette, et de désorganiser le système du crédit.

Il ne reste plus qu'une question, c'est de savoir si, dans ces alternatives de gain entre l'état et les rentiers, il ne leur accordait pas un terme trop long, et si en leur accordant la hausse de 125 à 166 $\frac{2}{3}$, il ne leur faisait pas une trop grande concession. En élevant à son profit de 100 à 125, il réduisait de 5 à 4; en reconnaissant 166 $\frac{2}{3}$, il accordait l'intérêt de 4, jusqu'à la baisse à 3 : il avait gagné l'unité, et il l'accordait aux rentiers; et certes ce n'était pas trop. Qu'on examine les emprunts précédents. Les premiers faits aux environs de 9 ou 8, accordaient un surplus de 3 et 4 sur 5. Le dernier fait aux environs de 6, n'accordait que 1 au-dessus de 5, mais ce n'était pas au moment d'une réduction au profit de l'état. Ainsi donc on ne peut pas dire qu'en accordant aux rentiers le maintien de 4 jusqu'à la baisse de l'intérêt à 3, le gouvernement fit une concession trop grande, et disproportionnée à sa situation.

J'ai raisonné sur la forme des 5 pour %, et sur le capital de 100, 125, 166 $\frac{2}{3}$; il est inutile de dire que la proportion étant exactement la même entre les 5 pour % et les 3 pour %, le calcul eût été absolument pareil.

Ainsi donc en recevant 75, en s'obligeant à 100, et en payant 3 p. °/₀, l'état ne s'était engagé qu'à un intérêt de 4, et n'avait fait qu'assurer le maintien de cet intérêt de 4, jusqu'à la réduction générale à 3. Par conséquent on peut dire que l'état n'avait fait aux rentiers que les avantages les plus convenables soit pour eux, soit pour lui-même.

4° *Fallait-il se servir de compagnies pour le nouvel emprunt? comment fallait-il les y faire concourir, et combien fallait-il payer leur concours?*

Reste donc la dernière question qu'a fait naître le plan proposé, c'est de savoir comment il fallait se servir des compagnies, et payer leurs services.

L'objet proposé était de ne plus donner que 4 pour °/₀ aux capitaux, en leur laissant la liberté de se retirer s'ils espéraient mieux ailleurs. Mais il fallait s'assurer avant d'en agir ainsi, que les capitaux mécontents de ce prix, seraient remplacés par d'autres.

Il était donc indispensable de traiter d'avance avec des capitalistes, et comme l'état ne pouvait entrer en rapport avec trois ou quatre mille individus, de s'adresser à des compagnies.

Il s'en est présenté quatre pour cet objet. Chacune d'elles augurant plus ou moins bien de l'opération, avait exprimé des prétentions différentes; et j'avais été assez heureux pour que la mienne, pensant mieux que les autres de notre situation, me permît de faire en son nom, les offres les plus avantageuses. Le ministère répondit, avec raison, aux quatre compagnies, que dans une opération pareille, loin de se diviser il fallait se réunir; que ce n'était pas trop pour la garantie de l'état de confondre en une seule masse, tous les capitalistes, afin d'avoir plus de moyens de pourvoir au départ des capitaux; que par conséquent il fallait fixer un seul prix, former une seule compagnie, sous trois noms différents, et composer un tout parfaitement égal en prétentions et en intérêts.

On voit par là, qu'en recevant séparément la soumission de chacune des quatre compagnies, le ministre obtenait les avantages qui résultent de la concurrence; qu'en les réunissant, après la connaissance qu'il avait seul de leurs propositions, il obtenait de plus toute la force de garantie indispensable à une pareille opération.

Les noms de MM. Baring, Rothschild et le mien furent choisis pour représenter tous les souscripteurs, dont les listes devaient être communiquées au ministre. Ce n'est point ma faute si un seul nom français a figuré publiquement dans une opération éminemment nationale. Peut-être n'est-ce pas la faute du ministre non plus. Quoi qu'il en soit, on sait que je ne suis pas appelé le premier ni pour les faveurs, ni pour les confidences, et si j'ai été admis, personne, je crois, n'aurait été repoussé.

Les compagnies furent ainsi réunies en une seule, et dans la mienne se trouvèrent comprises un grand nombre de maisons françaises. Le prix convenu fut *la jouissance pendant quinze mois de l'économie annuelle de vingt-huit millions, que l'opération devait procurer à l'état.* Ces quinze mois devaient durer du 22 septembre 1824, au 1er janvier 1826, et devaient former par conséquent une somme totale de 35 millions. Voilà tout le mystère des conditions faites avec les banquiers. Il n'y a eu ni traité secret, ni stipulations particulières; il n'y a eu rien de caché, rien qui ne pût être avoué par le ministre et par la compagnie; le traité tout entier était fidèlement exprimé dans le projet de loi.

Je vais, au reste, faire connaître le mécanisme de cette opération; on jugera alors, non par de vaines déclamations, mais par des faits, si le traité, l'indemnité convenue, et le projet de loi, si tout enfin n'était pas parfaitement juste, loyal et bien entendu.

Il s'agissait de réduire les 140 millions de rentes, payées annuellement au capital de 2 milliards 800 millions, d'un cinquième, c'est à-dire de 28 millions. Ces 28 millions, représentant à 4 pour °/₀, un capital de 700 millions, restaient en bénéfice dans les mains de l'état, qui pouvait dégréver les contribuables.

Toujours il fallait que dans l'état des choses 2 milliards 800 millions restassent pour 112 millions de rentes, et que ce résultat fût opéré aux périls et risques des banquiers, s'il n'était réalisé par le consentement libre des porteurs de rentes.

S'il arrivait en effet que le ministre et la compagnie se fussent trompés, et que les capitaux ne se contentassent pas de 4 p. °/₀ et exigeassent 5, la rente baissait alors jusqu'à ce que le capital de 75 trouvât 5 pour °/₀ dans l'intérêt de 3, c'est-à-dire jusqu'à ce qu'il fût à 60, car 3 pour 60, équivalent à 5 pour 100. La différence à payer par la compagnie à l'état était, dans ce cas, de 60 à 75, c'est-à-dire de 15 fr. Or si on calcule sur le capital de 2 milliards 800 millions, on verra que ce capital baissant jusqu'à ce qu'il trouve 5 pour °/₀ dans 112 millions, la différence est de 560 millions. C'était donc à la compagnie à supporter cette énorme différence, et pour prime de cette chance effrayante elle avait 35 millions.

Si, au contraire, les capitaux satisfaits de 4 pour °/₀ restaient à la Bourse, si même le goût des rentes était tel qu'ils se contentassent de moins de 4, et que les 3 pour °/₀ s'élevassent au-dessus de 75, la compagnie ne participait point aux avantages de la hausse, car les rentiers ayant la préférence sur elle, et pouvant convertir leurs 5 en 3 p. °/₀, avaient la faculté de les prendre tous s'ils en espéraient le succès.

Ainsi donc l'état laissait à la compagnie pour 2 milliards 800 millions, un capital en 3 pour °/₀, qui pouvait baisser ou s'élever.

S'il baissait de 4 à 5 comme je viens de dire, elle payait une différence qui pouvait être de 560 millions ; s'il s'élevait elle n'avait aucune part à ce bénéfice, car les rentiers avaient la préférence sur elle. Pour une telle chance, je le répète, la compagnie avait 35 millions.

Mais, dira-t-on, « dans le cas où en effet le « ministre et la compagnie se seraient trompés « d'un franc tout entier, et que la baisse « produisît une différence de 560 millions, « la fortune réunie de tous les intéressés « dans la compagnie, était-elle suffisante pour « faire compte à l'état de ces 560 millions, « et ne se sauvaient-ils pas de cette charge « par l'impuissance même d'y suffire? » A cela je réponds que la compagnie n'en était pas moins indéfiniment engagée à l'égard du ministre, qu'elle n'en était pas moins à sa discrétion, et qu'il pouvait en la ruinant, lui enlever sinon 560 millions, du moins la fortune toute entière de cent cinquante banquiers et capitalistes, associés solidaires dans l'opération.

Au reste, pour une telle chance une prime de 35 millions n'eût été qu'illusoire; et je n'en parle que pour répondre à de sinistres prédictions; car ce n'était pas ici un danger, mais un cas d'*impossibilité*, que le ministre ni la compagnie ne devaient pas avoir en vue. Mais il y avait d'autres chances que celles-là, et qui, étant moins formidables, cessaient d'être des impossibilités, et alors exposaient la compagnie à un sacrifice inévitable. Si en effet la différence n'eût pas été de 560 millions, mais de 150 ou de 250 millions, le ministre sachant qu'il pouvait trouver cette somme, et au-delà, en dépouillant la compagnie de toute sa fortune, pouvait-il se dispenser d'agir contre elle? Sa propre responsabilité envers la France, ne l'obligeait-elle pas à être inexorable envers les banquiers? Or, on comprendra que pour de telles chances, une prime de 35 millions était un bien faible dédommagement; et pour mon compte, si une pareille circonstance s'offrait encore, et que je me présentasse aux mêmes conditions, je ne serais pas plus alors qu'aujourd'hui guidé uniquement par l'intérêt, car, les dégoûts et les calomnies à part, 35 millions divisés entre 120 ou 150 personnes, n'étaient rien auprès des risques et des frais matériels d'une telle opération.

Cependant mettons à part toute exagération

dans l'appréciation de ces chances, et voyons si même en supposant un succès complet, la compagnie n'avait pas des efforts, des dépenses à faire, qui méritaient pour le moins la prime convenue pour garantir l'opération.

Elle s'était engagée par traité, signé le 22 mars au soir, à fournir 2 milliards 800 millions, et par conséquent à prendre pareille somme de 3 pour % à 75. Or, par cet engagement, elle était tenue de faire que le jour de l'option proposée aux rentiers, le taux se maintînt à 4 pour %, c'est-à-dire que les 5 pour % valussent tout-à-coup 125, et les 3 pour % 75; Sinon elle était obligée de payer la différence. Ainsi, par l'engagement pris de fournir 2 milliards 800 millions à tel taux, et à tel jour, qui n'était pas fixé encore, mais qui était présumé devoir être fixé à cinq ou six semaines après l'adoption du projet; par cet engagement, la compagnie devait pour son existence et pour son honneur, maintenir le cours avant, pendant et après l'opération. Et ces trois époques n'étaient pas sans difficultés, même dans l'hypothèse du succès le plus complet.

La première époque est le moment même

du 23 mars, où le discours de la couronne annonçait la réduction. Il était possible alors, que beaucoup de rentiers mécontents de la réduction imminente, se retirassent tout-à-coup, et il fallait y pourvoir. Une raison devait les engager encore à cela. Le remboursement qui devait avoir lieu dans quatre ou cinq mois, ne leur aurait valu que 100 fr., et la place leur donnait dans le moment 104, 105 ou 106, car tel a été le cours de la rente en mars, avril et mai. Tous ceux donc qui ne voulaient ni subir le remboursement, ni tenter la fortune des 3 pour °/₀, devaient se retirer sur-le-champ; et on suppose en effet qu'il y a eu pour 200 à 300 millions de déclassement. La compagnie devait se préparer à remplacer ces capitaux absents, soit en achetant elle-même, soit en procurant les moyens d'acheter à ceux qui voulaient spéculer. Or il faut remarquer ici que les frais énormes que coûtaient à la compagnie le risque, le transport de capitaux aussi considérables étaient perdus pour elle, si le projet étant rejeté par les chambres, l'opération n'avait pas lieu.

La seconde époque consistait dans les cinq ou six semaines qu'on aurait accordées aux rentiers, après que la loi eût été rendue, pour faire leur déclaration. On pouvait s'attendre à de nouveaux déclassements dans cet intervalle, et par cette prévoyance il fallait que la compagnie préparât de nouveaux moyens pour remplacer les capitaux qui auraient pu se retirer encore, qu'elle achetât elle-même ou qu'elle fournît les fonds à ceux qui auraient acheté à sa place, et conséquemment, qu'elle agravât ses risques et se soumît à de nouveaux frais. Or, les rentiers espérant que la puissance de la compagnie ferait encore monter le prix de la rente, il était probable que le plus grand nombre attendraient le dernier moment pour se prononcer entre le remboursement ou la conversion. Eh bien! Supposons que pendant ce temps, une simple révolution ministérielle, ou un événement quelconque vînt effrayer les imaginations en arrêt! Quelle baisse subite, quelle crise, quels efforts de la part de la compagnie! même avec un gage assuré de succès dans l'avenir, que de capitaux, de sacrifices pour rendre cette crise la moins longue que possible, et pour remplacer encore les capitaux qui auraient manqué par les derniers déclassements!...

La troisième, enfin, et dernière époque du danger, était celle où tout étant consommé, où toute la rente étant convertie, et la compagnie étant engagée pour une somme considérable, soit par les achats qu'elle aurait pu faire, soit par les prêts auxquels elle aurait dû se livrer, les joueurs impatients de ne pas voir arriver les vrais rentiers, auraient voulu se retirer trop précipitamment de la bourse, et auraient provoqué ainsi une baisse, et occasionné de nouveaux dangers: alors, nouveaux efforts encore de la part de la compagnie, nouveaux sacrifices pour parvenir à dissiper la crise, et pour attendre le classement des 3 pour %, qui seraient venus embarrasser le marché.

Et qu'on ne dise pas qu'il aurait pu en être autrement, et que la compagnie, une fois l'opération faite, se serait retirée en évitant tous ces dangers. Les associés, au nombre de 120 à 150, liés les uns à l'égard des autres, ne pouvaient se retirer qu'ensemble. Engagés pour 15 ou 20 millions de rentes, ou pour 3 ou 400 millions de prêts, ils ne pouvaient que périr ou sauver la bourse, et se trouvaient invinciblement enchaînés, de manière à ne pouvoir partir que les derniers.

D'après tout cela, il était impossible de connaître d'avance quelle serait la somme que la compagnie aurait à payer au trésor, et le projet de loi, ni le traité, n'avaient fixé et ne pouvaient point fixer les époques des remboursements. Si, en effet, tous les capitalistes en attente, et voulant saisir le moment de la plus grande hausse, avaient attendu le dernier moment pour faire leur déclaration, et qu'il fût arrivé un événement fâcheux qui les fît se prononcer tous à la fois pour le remboursement, il était impossible à la compagnie de ne pas diviser ses paiements. Dans ce cas, le ministre s'était sagement réservé la faculté de les répartir en raison de leur importance; mais comme la compagnie ne pouvait percevoir la prime que du jour de chaque remboursement, et que tout capital qu'elle tardait d'amener à 4 pour %, à la place d'un capital qui se faisait payer 5, lui causait ainsi une perte de 1 pour %, elle avait évidemment le plus grand intérêt à rembourser le plutôt possible, et cet intérêt était pour l'état, la garantie la plus sage que le ministre pût exiger.

Maintenant récapitulons les faits :

La compagnie est engagée à fournir 2 milliards 800 millions pour 112 millions de rentes, c'est-à-dire 100 fr. pour 4 fr. d'intérêt. Si 2 milliards 800 millions ne veulent pas se donner pour cet intérêt, elle est obligée de parfaire la différence qui sera de 560, de 500, de 300, de 100 millions, etc. et dans tous les cas elle est à la discrétion du ministre qui jugera s'il doit ou non la ruiner, dans l'intérêt de l'état. Pour ces chances elle a, quoi?.... 35 millions.

Ces chances sont sans doute peu probables, mais supposez-les nulles, admettez même le succès complet, il faut que la compagnie soutienne le cours, et remplace les capitaux momentanément absents, pour empêcher une plus grande retraite de leur part. Cela il faut qu'elle le fasse, d'abord au moment où la réduction est annoncée; qu'ensuite elle soit toujours prête à le faire au moment où une nouvelle écarterait tout-à-coup ceux qui attendent la plus grande hausse possible pour se retirer; qu'enfin elle le fasse encore, si après la consommation de l'entreprise, les spéculateurs impatientés de ne pas voir arriver les rentiers, se retiraient trop tôt. Dans chacun de ces moments elle ne peut se retirer qu'en masse, c'est-à-dire qu'elle ne le peut pas, car 3 ou 400 millions ne peuvent se dérober à la fois. Or, pour tout cela qu'a-t-elle encore? Toujours les mêmes 35 millions. Et ces 35 millions sait-on comment elle les touchera, et quelle part même elle en recevra? Son opération commençant avant l'adoption de la loi, si la loi est rejetée, elle a essuyé tout le premier déclassement, elle a déplacé, transporté, exposé 2 ou 300 millions à pure perte, et elle ne reçoit rien des 35 millions. Si la loi est adoptée, elle ne recueillera la prime toute entière, qu'autant que le remboursement aura lieu dès le 22 septembre 1824. Si par un événement les capitaux se sont retirés, et qu'elle ne puisse les ramener assez vite pour rembourser tout de suite, elle perd chaque mois un quinzième de sa prime; et elle peut en perdre ainsi cinq, sept, dix quinzièmes, c'est-à-dire un tiers, une moitié ou deux tiers.

Ainsi pour tant de chances, pour tant d'efforts, de frais et de soucis que pouvaient coûter les crises possibles, la compagnie ne pouvait jamais avoir que 35 millions: dans l'hypothèse la plus favorable, et alors qu'elle aurait pu terminer l'opération avec le trésor, le 22 septembre, elle avait la somme entière, mais il lui fallait supporter le mouvement des capitaux, les frais de transport, la perte des intérêts : si elle n'opérait les versements que pour la moitié ou le quart à cette époque, elle perdait la moitié, le quart proportionnel sur les 35 millions. Enfin, et c'est ce qui est arrivé, si l'opération commencée par elle était rejetée par les chambres, elle n'avait rien à prétendre sur les 35 millions.

Pour nier l'évidence de ce qui se passait à la Bourse, pour nier la possibilité de la réduction, on a supposé que la hausse était le fait seul du jeu de la compagnie, et qu'elle trouverait une source de nouveaux bénéfices dans je ne sais quelle somme énorme de rentes qu'elle avait achetées pour soutenir le cours. A cela, je n'ai qu'un mot à répondre : 600 *mille francs de rentes* ont été partagés entre tous les intéressés des trois compagnies; il n'y a pas eu d'autre achat ni d'autre vente.

Le rejet de la loi a occasionné de grandes pertes. Il y a de la loyauté à invoquer le témoignage des personnes que leur situation pourrait rendre injustes. Eh bien! quel reproche la Bourse a-t-elle adressé à la compagnie? Je n'en ai pas encore entendu proférer un seul.

Le genre de ministère qu'elle exerçait n'était donc point un jeu, un bas agiotage, c'était une assistance franche, ouverte, loyale, donnée au crédit, pendant un temps fixe; les membres qui la composaient n'étaient pas des joueurs téméraires qui viennent à la dérobée essayer un profit chanceux, mais excessif, et hasardent beaucoup parce qu'ils n'ont ni un nom ni une fortune à perdre; c'étaient des hommes qui avaient quelque fortune et quelque renommée commerciale à compromettre; qui ne venaient rien tenter de trop téméraire, ni de trop avantageux; qui ne venaient pas essayer une apparition du moment; mais qui s'engageaient dans une traversée, s'obligeaient à la faire toute entière, se condamnaient à ne se sauver qu'avec tous leurs compagnons, et ne recueillaient pour récompense qu'une somme des plus modiques.

Il n'y avait donc dans leur intention ni témérité, ni gain excessif, ni moyen de se dérober, rien de ce qui constitue les entreprises hasardeuses et le jeu. Ils voyaient peu d'avantage pour leur fortune dans une somme de 20, 30 ou 35 millions, répartie entre 120 à 150 personnes, mais ils croyaient que l'opération était à la fois sûre, courageuse et grande; ils y voyaient la première opération du siècle, et s'honoraient d'y attacher leur nom.

J'ai parcouru successivement les quatre questions que fait naître le plan proposé.

J'ai essayé de prouver, 1° qu'il ne fallait pas de remboursement, ou un seul, parce que l'opération n'était possible qu'en supposant le déclassement d'une modique partie de rentes, et qu'on pouvait sur-le-champ pourvoir à un tel déclassement;

2° Que l'intérêt devait être réduit tout de suite à 4, soit pour ne pas répéter trop souvent l'opération, soit parce que l'état du crédit, le mérite connu de la rente, le mouvement que produisait chaque opération, le permettait et le voulait ainsi;

3° Que l'intérêt étant réduit à 4, il fallait garantir les rentiers qu'il ne le serait pas de nouveau avant la baisse du cours à 3; que pour cela il fallait l'élévation du capital nominal de 125 à 166 $\frac{2}{3}$ ou de 75 à 100; qu'une pareille élévation n'imposait aucune charge excessive à l'état, parce que, de manière ou d'autre, il était obligé de payer son papier au prix toujours plus élevé du cours;

4° Enfin, qu'il fallait une compagnie qui, même dans la supposition d'un plein succès, soutînt le cours en suppléant à toutes les absences momentanées de capitaux; qui, dans le cas d'un gain considérable, n'y participât qu'au refus des rentiers de le faire eux-mêmes, et qui reçût pour dédommagement une prime plus ou moins grande, suivant la plus ou moins grande promptitude à remplir ses engagements.

Maintenant je vais citer le projet de loi lui-même; et on jugera si en termes extrêmement adroits et précis, il ne contenait pas tout cela.

« Le ministre des finances est autorisé à sub-« stituer des rentes 3 pour % à celles déja « créées par l'état à 5 pour %, soit qu'il opère « par échange des 5 contre des 3 pour %, soit « qu'il rembourse les 5 au moyen de la négo-« ciation des 3 pour %.

« L'opération ne pourra être faite qu'autant,

« 1° Qu'elle aura conservé aux porteurs des « 5 pour % la faculté d'opter entre le rem- « boursement du capital nominal, et la conver- « sion en 3 pour %, au taux de 75;

« 2° Qu'elle présentera pour résultats défi- « nitifs une diminution d'un cinquième sur les « intérêts de la rente convertie ou remboursée ;

« 3° Que le Trésor entrera en jouissance de « cette diminution d'intérêts au 1er janvier « 1826 au plus tard. »

Je le demande, ce projet accusé d'être si vague, n'a-t-il pas toute la précision que l'incertitude de l'événement permettait de lui donner ?

Ainsi, il détermine expressément que l'emprunt sera unique, qu'il aura lieu sous la forme de 3 pour %, et que ces 3 pour % seront donnés au taux de 75; ce qui fixe bien l'intérêt réel à 4, l'intérêt fictif à 3, et rend un nouveau remboursement impossible avant la réduction du cours à 3. Il fixe encore expressément que les rentiers auront l'option entre le remboursement et les 3 pour %, et par conséquent la préférence sur la compagnie. Dans tout le reste il ne dit pas ce qui doit être, mais ce qui ne doit pas être; il ne dît pas que l'opération aura nécessairement lieu, qu'on remboursera dans tel mois ou tel autre, qu'on donnera tant aux compagnies, toutes choses qu'on ignorait; il dit que le ministre est autorisé à exécuter l'opération, qu'elle devra être achevée au 1er janvier 1826, c'est-à-dire, qu'elle ne pourra pas être essayée pendant plus de quinze mois; qu'en résultat elle devra être telle que l'état gagne un cinquième sur l'intérêt de la rente; qu'enfin l'état ne pourra pas être privé de la réduction plus tard que le 1er janvier 1826, c'est-à-dire, que la dépense de l'exécution ne pourra pas absorber plus de 35 millions.

Or, si on ne pouvait pas s'empêcher de faire une opération unique, de réduire à 4, d'élever le capital nominal d'un tiers, de traiter avec des compagnies qui veillassent à tous les accidents du crédit, et suppléassent à toutes les absences momentanées de capitaux, si on ne pouvait s'empêcher enfin de laisser une latitude suffisante pour cette grande opération, *le projet du gouvernement n'était-il pas le seul possible?*

Je ne crois pas qu'il en pût être fait de plus sage, de plus adroit, de plus loyal.

Utilité de la mesure.

J'arrive au terme de cette controverse que l'état actuel des esprits m'a obligé de rendre plus longue que je ne l'aurais voulu. Sous tous les rapports de la justice, de l'équité, de l'à-propos, des moyens d'exécution, la mesure rejetée m'a semblé suffisamment justifiée. Il n'en est plus qu'un seul sous lequel il me reste à l'envisager, c'est celui de l'utilité générale.

C'est ici que doit ressortir tout le mérite de cette mesure, et qu'on va sentir de quels avantages on a privé la France en la rejetant.

Le premier mot des apologistes de la réduction, et le plus frappant, parce qu'il exprime le fait qui se présentait le premier aux yeux, c'est qu'elle allait reporter des capitaux vers l'industrie. A cela on avait tout de suite opposé un dilemme, que l'on croyait sans réplique. On avait dit : « Ou les capitaux reflue-« ront vers l'industrie, ou ils resteront à la « Bourse : dans le premier cas, le crédit public « sera ruiné ; dans le second, les effets de la « mesure seront nuls. »

Ce dilemme n'a qu'un malheur, c'est que ni l'une ni l'autre de ses propositions ne sont vraies. Les capitaux n'auraient pas quitté la Bourse, le crédit public n'aurait pas été ruiné, et cependant les effets de la mesure n'auraient pas été nuls.

D'abord, sans aucun déplacement de capitaux, et par la seule déclaration de l'état, qui annonçait qu'il ne contracterait plus au-dessus de 4 pour °/₀, l'intérêt aurait baissé partout. Là où il est à 8, il n'aurait plus été qu'à 7; là où il est à 7, il n'aurait plus été qu'à 6; et ainsi de suite. Cela se serait fait sans déplacements, par le seul effet de l'équilibre. Il serait arrivé pour les capitaux, ce qui arrive pour toutes les marchandises. Le prix se réduit-il sur un marché? aussitôt il se réduit dans tous les autres.

Il n'appartient pas, dit-on, à l'état de changer le prix de l'intérêt avec une loi. Sans doute, si du ton avec lequel la convention décrétait qu'il fallait vaincre, ou ne plus préférer l'argent aux assignats, si l'état décidait aujourd'hui que l'intérêt ne doit plus être au-dessus de 4 pour °/₀, il serait ridicule, parce qu'il n'a pas cette terrible dictature qui permet de dominer ainsi les volontés; mais l'état ayant à sa disposition le plus grand marché des capitaux, ne voulant pas contracter au-dessus de 4 pour °/₀, opérait cette réduction par le plus infaillible et le plus juste des moyens humains, la concurrence.

Voilà un premier et incontestable effet de la réduction, celui d'une baisse générale dans l'intérêt, qui se serait opérée indépendamment de tout déplacement de fonds. Mais cet effet n'aurait pas été le seul : une somme de capitaux aurait réellement quitté la Bourse pour l'industrie, sans que le crédit en eût souffert. Sans doute si plus de 25 millions de rentes s'étaient déclassés, c'eût été un malheur. Mais on calcule, d'après les évaluations les moins suspectes d'exagération, que le déclassement avait été d'environ 15 millions. Ces 15 millions, la compagnie pouvait les remplacer aisément par d'autres capitaux qu'elle portait vers la Bourse ; et c'était un capital de 300 millions qui allaient partout exciter et encourager le travail. Ce capital appartenant presque tout entier à la province, à laquelle on songe si peu, devait y rentrer, et y opérer par son retour un effet immense. Généralement on ne veut voir la France que dans Paris, Lyon, Marseille, Bordeaux, et dans cette riche Normandie qui, placée entre Paris et Londres, se trouve entre les deux plus grands centres d'industrie connus. Mais il faut voir cette France dans les campagnes, loin des grands fleuves, loin du rivage des deux mers, dévorée par l'usure, livrée à la routine, et n'ayant ni les canaux, ni les routes par lesquelles les capitaux, l'intelligence et l'activité pénètrent dans un pays; c'est là où l'on ne trouverait pas un écu à employer dans une entreprise industrielle, et où l'on ne sait prêter qu'à l'état ou sur hypothèque, qu'il faut faire refluer les capitaux, et détruire, par leur abondance, l'usure, la défiance et la routine.

Mais, dira-t-on, les capitaux qu'on reportait vers la province devaient être remplacés par d'autres. Ceux-là, où les prenait-on? On les prenait, non pas dans l'industrie, mais dans les grands marchés où ils surabondent, et surtout chez les étrangers qui, plus avisés et plus habiles que nous, venaient faire des profits que nous n'avions ni la hardiesse, ni l'esprit de faire nous-mêmes. Et il n'était pas vrai que nous devinssions pour cela leurs tributaires, que notre crédit dépendît d'eux, et qu'au moment d'une guerre ils pussent le ruiner en se retirant. Ces étrangers venaient occuper la rente pendant le moment de l'opération, braver ses variations, et se retirer ensuite avec les profits de son élévation, en la livrant aux rentiers français, qui auraient fini, comme toujours, par en être les derniers propriétaires. Sans doute il serait resté une certaine masse de nos fonds aux étrangers, mais c'est réciproque. Les fonds de tous les états appartiennent à des capitalistes de tous les états; les prêts sont à peu près égaux de part et d'autre, et lient toutes les places de l'Europe entre elles. D'ailleurs, si ce préjugé ridicule contre la participation des étrangers était fondé, une réduction d'un cinquième était un moyen certain de la diminuer dans l'avenir, parce que c'eût été considérablement réduire la disproportion qui existe entre le paiement qu'on leur donne chez eux, et celui qu'on leur donne chez nous.

Une fois les étrangers et les spéculateurs retirés, et leurs trois ou quatre cents millions définitivement remplacés par des capitaux sédentaires, on en revenait sans doute au même point qu'auparavant: 300 millions s'étaient dirigés vers l'industrie; 300 autres, pris dans les grands marchés, et surtout chez les étrangers, les avaient momentanément suppléés; et enfin 300 millions étaient venus occuper définitivement la place originairement vacante. Il n'y avait donc rien de changé en apparence, car la masse était toujours la même; mais si elle ne s'était pas accrue, elle s'était mue, et, dans l'industrie comme dans la nature entière, la vie n'est que mouvement. Cette masse avait tout ranimé sur sa route; comme un liquide fortement injecté, elle avait pénétré les moindres détours, rempli tous les vides, et répandu partout l'activité et la vie.

Mais on ne doit pas seulement avoir en vue les capitaux qui se seraient ainsi mis en mouvement, pour aller ranimer l'industrie par leur présence; on doit considérer surtout ceux qui ne seraient pas venus vers la rente depuis que l'attrait qui les y appelait eût été diminué par une réduction. L'oisiveté dont les capitaux jouissent à la Bourse est si douce, si bien payée, accompagnée de tant de sûreté, et parée de tant de rêves et d'espérances, qu'ils y affluaient tous les jours, et y auraient afflué bien davantage, s'il n'avait jamais été parlé d'une réduction. Sans doute il faut du crédit public, mais il faut aussi du crédit privé; il faut des capitaux consacrés au service de l'état, d'autres au service de la production universelle; ceux-ci prêtés au commerce, ceux-là aux manufactures, prêtés sous toutes les formes, à tous les termes : mais il faut de tout avec une juste mesure; on ne doit ni tout porter vers la rente, ni tout en éloigner; on ne doit pas créer de ces mobiles excessifs qui produisent des mouvements désordonnés. Un intérêt de 5 pour °/₀ était une force trop inégale, et qui, en appelant les capitaux vers un seul point, produisait une retraite fâcheuse sur tous les autres. Le crédit public doit se soutenir sans doute, et s'élever; mais ce n'est pas par un prix usuraire, c'est par l'accumulation des richesses, c'est par la probité, la sagesse et l'habileté du gouvernement. Les mauvais débiteurs ont aussi du crédit, quand ils paient cher, et ce n'est pas celui que l'état doit avoir. Les capitaux payés à 5 pour °/° sont trop empressés, trop faciles envers le gouvernement, deviennent d'autant moins exigeants en garanties, qu'ils reçoivent davantage en intérêt : et c'était une chose utile d'obliger l'état à les appeler à lui par sa bonne conduite, beaucoup plus que par la supériorité de ses prix; c'était une chose utile que de rétablir l'équilibre entre tous les marchés, et de forcer les capitaux à fuir l'oisiveté, à rechercher le travail et les spéculations industrielles.

Il y avait donc, dans la mesure proposée, un premier effet, celui d'une réduction générale dans l'intérêt; un second, celui du mouvement imprimé à 3 ou 400 millions mécontents; un troisième, enfin, celui d'une direction nouvelle donnée à ces autres capitaux, qui se disposaient à venir augmenter encore la masse transformée en rentes.

Ainsi, sans ruiner le crédit par l'éloignement des capitaux, la mesure avait toute l'étendue de ses effets les plus salutaires, et ce dilemme dont on a fait tant usage n'était qu'une puérilité.

Mais on ne s'en tenait pas à ce dilemme. « Soit, disait-on encore, les capitaux iront à « l'industrie, mais qu'en fera-t-elle, puisqu'elle « n'a pas de débouchés, puisque ses produits « gissent dans les marchés, et qu'il lui serait plus

« nuisible qu'utile de produire davantage? Pour-« quoi donc lui renvoyer des capitaux, pour-« quoi ne pas les laisser à la Bourse, et ne pas « leur payer l'intérêt qu'ils y avaient aupara-« vant? Ce cinquième de plus en revenu, les ca-« pitalistes l'emploieraient en consommations ; « et ce serait un service bien plus réel rendu à « l'industrie, au bien-être de laquelle les con-« sommateurs sont plus nécessaires que les « producteurs. »

Ces misérables sophismes si répétés contre tous les mouvements de l'industrie, sont du nombre de ces vieilles erreurs que la routine oppose toujours à l'humanité dès qu'elle veut faire un pas. S'agit-il de détruire les monopoles, les priviléges? les monopoleurs, les privilégiés trouvent à démontrer qu'ils protègent le commerce, qu'ils garantissent la bonté des produits, qu'ils font vivre le petit commerçant, le pauvre ouvrier. S'agit-il d'une découverte nouvelle? on ne manque pas de démontrer qu'il vaut mieux payer davantage un produit ancien et inférieur, que de délaisser ceux qui en vivent. S'agit-il de machines? elles destituent des bras, elles laissent des ouvriers oisifs, et il vaut mieux dépenser plus de temps et plus de force à une même chose, que de chercher pour ce temps et cette force un emploi nouveau. Toujours, enfin, parce que le mouvement dérange çà et là quelques existences attachées au passé, on veut s'arrêter, et on trouve des raisons, en faveur de l'ignorance, de la routine, et de l'immobilité.

On nous dit ici que les capitaux seraient inutiles à la production parce qu'elle est assez considérable, et même trop, puisqu'elle ne trouve pas de consommateurs. Mais qu'on me dise si quelque part on jette le blé dans les rivières, si on détruit et livre aux vents les produits de nos manufactures; si quelque part enfin on foule aux pieds les ouvrages surabondants de nos mains? Non sans doute; le blé ne pourrit nulle part; nulle part les tissus ne sont brûlés sur les places publiques: et cependant une partie considérable de la population ne mange ni pain, ni viande, et ne se nourrit que de quelques grossiers légumes, et se couvre à peine de quelques misérables haillons!

On ne produit donc pas trop, mais la production ne va pas où elle devrait aller, parce que les communications sont difficiles et coûteuses ; parce qu'il est presque impossible d'aller au-devant des besoins à travers un pays sans routes et sans canaux ; parce qu'arrivés sur les lieux, les produits déja grevés d'un transport ne trouvent pas de produits équivalents qui puissent les payer ; parce que si on travaille beaucoup sur quelques points, il en est une foule où on ne travaille pas assez pour payer le travail d'autrui. Si en effet le manufacturier de nos grandes villes est aussi avisé, aussi adroit que l'homme doit l'être aujourd'hui, notre agriculteur est aussi ignorant, aussi pauvre que dans les siècles de la féodalité, et nous avons l'indigente France du quatorzième siècle, pour consommer les produits de l'ingénieuse et riche France du dix-neuvième.

Il ne faut donc pas moins produire, mais produire partout d'une manière plus égale, et favoriser l'échange entre toutes les contrées où l'on produit. Percez dans tous les sens ce beau pays, faites-y couler des fleuves et des canaux, ouvrez-y des routes, jetez-y des ponts, alors l'industrie le traversera de toutes parts ; elle ira établir ses ateliers dans les lieux où le service des bras est encore à bas prix ; le travail naîtra là où il n'existe pas encore; les produits transportés à moins de frais, lui coûteront moins; il sera plus riche en présence d'objets moins coûteux, et il se servira partout d'acheteur et de consommateur à lui-même.

Ainsi, ce n'est pas une action moindre, mais une action plus égale qu'il faut. Les éléments de l'action sont les capitaux : rendez-les donc moins coûteux, versez-les dans les provinces, et ils y creuseront des canaux, ils y ouvriront des routes, ils y feront naître des établissements, et répandront l'intelligence et l'activité dans tous les détours où l'influence du siècle n'a pas pénétré encore. S'il ne vous suffit pas des débouchés intérieurs, s'il ne vous suffit pas de vous-même pour consommer vos œuvres, vous trouverez des débouchés extérieurs en produisant à meilleur prix, et vous pourrez établir votre industrie avec plus d'avantage dans les marchés des deux mondes.

Nous parlons tous les jours de nos voisins, les Anglais, avec jalousie, avec admiration; nous nous extasions sur leurs 3 milliards d'exportations, et nous faisons une triste comparaison avec nous-mêmes, qui exportons à peine 800 millions. Eh bien, leur commerce extérieur était, il y a un demi-siècle, à peu près au même point que le nôtre; et c'est dans ce court espace de temps, que la différence est devenue si grande. Je sais la part qu'il faut faire aux événements politiques; mais croit-on que pour arriver à ce résultat, l'Angleterre ait commencé par chercher exclusivement des débouchés extérieurs? Non sans doute; elle a surtout cherché à se donner une base bien plus solide que celle que nous supposons à sa richesse. Elle a commencé par mettre tout son sol en valeur. La surface qu'elle occupe est géographiquement bien inférieure à la nôtre : mais ce n'est pas la surface géographique qui doit compter, car, d'après ce principe, la Russie serait à elle seule plus riche que toute l'Europe ensemble, c'est la surface utilisée; et sous ce rapport, l'Angleterre est dix fois plus grande que la France; elle a excavé son sol, fouillé dans ses entrailles, tout mis en valeur; et sur un territoire la moitié moins grand que le nôtre, elle a creusé pour vingt fois plus de canaux que nous. On pense, en effet, que nous n'avons que la vingtième partie des canaux qu'elle possède sur le même espace donné. Elle a donc fait reposer sa prospérité sur une base bien plus solide qu'on ne le croit en Europe; et Pitt a pu dire à la tribune, en présence des Anglais les plus éclairés, et sans être contredit, que le commerce intérieur de la Grande-Bretagne était à son commerce extérieur, comme 32 est à 1.

C'est donc, dans son propre sein, en répandant le travail partout, que l'Angleterre a cherché sa fortune. Après cela, elle a pris son essor à l'extérieur; et dans l'intervalle de quarante à cinquante années, elle nous a surpassés de la différence de 3 milliards à 800 millions.

Et croit-on que pour arriver à ce résultat elle ait volontairement élevé le prix des capitaux, afin de rendre les capitalistes plus riches, et de les obliger à consommer davantage? Non sans doute; on n'a jamais vu chez elle le commerce payer les fonds plus de 5 pour °/₀, et chez nous, il les a payés 6, 8, 10 et 12. Qu'on se figure donc, quelle différence doit apporter dans le prix de la production, une pareille disproportion dans le prix des capitaux! Une foule de causes, je le sais, ont concouru au développement de la prospérité de l'Angleterre; mais c'en est une bien grave, et bien importante, que cette modicité dans le taux de l'intérêt. Que l'on calcule, en effet, ce que doit produire une différence d'une moitié ou d'un tiers, dans l'intérêt de tout le capital mobilier d'une nation pendant quarante ou cinquante années ! Que de facilités une telle différence doit avoir procurées aux Anglais, soit pour exécuter ce qu'ils avaient à faire dans l'intérieur du pays, soit pour approvisionner leurs marchés et ceux de l'étranger !

Participons donc aux vérités répandues chez ce peuple, si nous voulons participer à son industrie, et à sa richesse ; proscrivons comme lui ces vains et ridicules sophismes qui consistent à dire qu'il faut moins produire, parce qu'il y a de l'embarras dans la production. Il se rit de tant d'ignorance ; il se dit que l'humanité ne souffre jamais par excès de produits, que si quelque part il y a une abondance apparente, c'est qu'il manque ailleurs une abondance équivalente pour lui servir d'échange ; qu'il faut donc au lieu d'arrêter l'action, la favoriser davantage, l'étendre partout, et sur toutes les parties du sol, la porter ensuite à l'extérieur, et pour cela répandre les capitaux au lieu de les resserrer. Les parquer dans quelques mains, où on les engagerait à rester, en les payant davantage, ne serait pas augmenter la consommation, car ce ne sont pas quelques individus capitalistes qui peuvent servir de consommateurs à la société, c'est la société toute entière qui doit s'en servir à elle-même. Il faut donc au contraire répandre les capitaux, en diminuant leur prix, et alors la production, en diminuant proportionnellement elle-même, trouvera pour consommateur le besoin universel des hommes.

Je suis donc profondément persuadé, que l'un des plus grands progrès à procurer à un pays, c'est de réduire le taux de l'intérêt. Sans doute, il diminue bien de lui-même, mais il faut des déclarations, précises, solennelles, pour entraîner sa réduction là où elle est arriérée. Et le gouvernement qui est un des plus grands consommateurs de capitaux, annonçant qu'il réduisait leur prix d'un cinquième, entraînait cette réduction par sa puissante concurrence. Son exemple était irrésistible, et devait accélérer encore le mouvement qui nous entraîne vers la prospérité, la civilisation, et le genre de liberté promis désormais à tous les peuples.

Telle était, selon moi, l'opération à laquelle

j'ai cru devoir m'associer: on parle encore de ses effets politiques, pour les opposer à ses effets économiques et industriels; et sous ce rapport même, je déclare que je n'aurais pas hésité à me prononcer pour elle.

J'ai déja dit que, sans attaquer le crédit, elle l'établissait sur une meilleure base, que cette base était la confiance, au lieu du haut prix; qu'elle limitait la puissance que le crédit avait mise dans les mains des gouvernements, et diminuait chez eux la faculté d'abuser de la richesse nationale: et sous ce rapport, il est étrange que des hommes qui accusent le crédit de fournir aux gouvernements des moyens trop grands de dépenser, aient condamné une mesure qui diminuait ces moyens. Et je l'avoue, car la crainte de déplaire à quelques hommes ne m'empêchera pas d'être juste: j'approuvais le ministre qui avait le courage d'attaquer la source même de sa puissance, pour faire une chose utile. C'était une hardiesse louable, digne d'encouragement, et qu'il est fâcheux d'avoir vue moins heureuse que la hardiesse à attaquer nos institutions.

Cette mesure, qui effrayait tant d'esprits me rassurait tout-à-fait sur les inquiétudes que peut inspirer l'état actuel de l'Europe. quel est en effet le système politique que l'on voudrait y faire prévaloir? Sont-ce des projets généreux, utiles aux hommes, que nous devons attendre de la monarchie universelle qui semble s'y être établie? Et depuis que le gouvernement britannique, abandonnant la coalition continentale, a suffisamment prouvé qu'il ne soudoierait plus les projets de l'ancien monde, sur qui peut-on compter pour remplir ce rôle? Obliger la France au repos, la mettre dans l'heureuse situation de ne pouvoir prendre part à des vues contraires à ses intérêts, était donc un des plus grands services à lui rendre, et la mesure rejetée concourait puissamment à ce but. Pour en juger, que l'on jette un coup d'œil audehors, et que l'on apprécie l'opinion qui la blâme et l'opinion qui l'approuve.

La dernière considération enfin était relative à l'emploi présumé des économies. D'abord le bien était si grand, sous le rapport de l'industrie générale, et de la haute politique européenne, que j'aurais cru nécessaire de l'opérer, toute l'économie fût-elle anéantie. Une telle perte n'était rien en comparaison des avantages de la mesure. Cependant cette somme des économies n'était point anéantie et perdue pour la société. Elle courait, sans doute, le danger d'une mauvaise distribution; mais cette mauvaise distribution, croit-on avoir les moyens de l'empêcher? Ne sait-on pas aujourd'hui que, sous un prétexte ou un autre, quelques cents millions seront abandonnés aux factions? Croit-on que, dans l'état actuel du gouvernement représentatif, une chambre puisse les refuser? Il ne reste donc malheureusement que le choix du moyen; et le moins dommageable n'était-il pas le meilleur? Les 5 ou 600 millions seront toujours perdus; et les 28 millions de rentes que nous n'aurons pas gagnés, ne nous dispenseront pas des 20 ou 25 de rentes dont il faudra faire le sacrifice.

Les effets de cette mesure étaient donc assez nombreux et assez utiles. *Sous le rapport économique*, elle diminuait le prix des capitaux, et par conséquent celui de la production; elle accélérait ce qui reste à faire en France en fait de canaux, de routes, de communications intérieures, d'établissements industriels; elle propageait le travail où il n'est pas réveillé encore, et secondait le développement du génie national. *Sous le rapport politique*, elle limitait, sans la détruire, la puissance que le crédit a mise dans les mains du gouvernement; pour quelque temps du moins, elle assurait l'inaction de l'Europe, et le repos des peuples; enfin, si elle avait procuré plus tard quelques-unes de nos dépouilles aux factions, la faute en était à nous, à notre situation, et point à l'opération qui produisait par une économie, ce qu'on aurait pris autrement par un emprunt.

Conclusion.

Pour bien juger cette question immense, il faut la ramener à un fait simple, et qui, bien envisagé, ne donne plus lieu à aucune objection. Ce fait est celui-ci : Le progrès du temps amène l'accumulation des capitaux, et par suite, la diminution de leur valeur. Or, ce fait général, reconnu dans tous les temps et tous les lieux, pourquoi l'empêcherait-on de se réaliser?

La loi l'a consacré, et a voulu que toute rente pût être rachetée;

Elle l'a consacré pour tous les citoyens réunis en corps d'état, comme pour les simples individus; car tous n'ont pas moins de droit qu'un seul;

Les possesseurs des capitaux doivent donc subir des sacrifices continuels, en faveur de ceux qui les emploient, et ils ont dû en subir de plus grands, depuis le développement de la richesse, arrivé dans les trente dernières années;

Ils doivent faire ces sacrifices en faveur de l'état, comme en faveur des simples particuliers; ils ont même recueilli avec lui des profits immenses, qui lui permettent de s'y refuser à son égard, moins qu'à l'égard de tout autre emprunteur;

Le cas de diminuer les prix était certainement arrivé, car il est incontestable que dans les grands marchés de capitaux l'intérêt est entre 3 $\frac{1}{2}$ et 4 pour °/₀, et plus souvent à 3 $\frac{1}{2}$ qu'à 4; or, l'état puisant dans ces marchés, ne doit pas donner davantage;

Quoiqu'actuellement il donnât 5, l'état pouvait tout-à-coup réduire à 4, parce qu'il y a un avantage immense à ne pas répéter les réductions; parce qu'il était assuré d'être suivi par les capitalistes, à condition qu'il éléverait le capital nominal, c'est-à-dire, qu'il leur assurerait l'intérêt de 4 jusqu'à la réduction du cours à 3;

En s'adressant à des capitalistes qui pour le moment remplaçaient les capitaux qui s'absentaient, dans l'attente de ceux qui ne pouvaient pas manquer de venir bientôt, l'état était assuré d'opérer sans effort, sans trop de frais, cette importante réduction; et par son exemple il réduisait partout l'intérêt d'un cinquième; il hâtait cette propagation de l'industrie, du travail, de l'intelligence dans toute la France; il accélérait cet heureux mouvement par une secousse, et il nous permettait de rivaliser avec tous nos concurrents;

Sans nuire à son crédit, il lui donnait une base plus sûre, celle de la confiance, au lieu du haut prix;

Il s'interdisait toute participation contraire aux intérêts du pays pendant plusieurs années, par les soins qu'il devait à son crédit. S'il n'usait pas bien des économies, c'est notre faute; il n'en produisait pas moins un bien immense, et auquel nous devions coopérer de toutes nos forces;

Enfin, en ajoutant au système du crédit le système des réductions progressives, il complétait cette belle machine financière, qui a fait en grande partie la fortune de nos voisins, et qui devait concourir si puissamment à la nôtre.

Sans doute ils entendent l'industrie et la justice, ces Anglais dont nous sommes si jaloux, et que nous ne savons imiter que dans leurs bizarreries, au lieu de les imiter dans leurs grands établissements. Ils entendent l'industrie et la justice, et ils réduisent progressivement leur dette, parce qu'ils admettent les faits à mesure qu'ils se présentent, et ne les condamnent jamais avec un ridicule aveuglement. En adoptant le crédit, nous avions fait un pas; en adoptant le système des réductions, nous allions en faire un second: et tout-à-coup, par je ne sais quel mouvement d'humeur, par je ne sais quel esprit mal entendu d'opposition, par je ne sais quelles intrigues plus déplorables encore, nous repoussons une opération des plus utiles, quelques jours après avoir accepté une infraction à la Charte; et nous nous arrêtons sur une route où il dépendait de nous de suivre nos rivaux, et de les atteindre avec du temps et de l'application.

Pour moi, je me suis franchement prononcé dans cette grande question, bien avant cet intérêt passager qu'on me suppose. Je puis même dire que dans cette mesure je perdais, comme capitaliste, beaucoup plus que je n'aurais pu gagner comme coopérateur. J'agissais donc par opinion et non par intérêt; et en m'associant, pour une entreprise que j'approuvais, à un ministère dont je désapprouve le système, je faisais en 1824 ce que j'ai fait en 1817, ce que je ferai toujours: je contribuerais au bien du pays, n'importe par quelle main ce bien fût opéré.

En rapport, par ma profession, avec toutes les professions; sachant mieux ce qui se passe dans les fabriques et les ateliers, que ce qui se passe à la Bourse dont je ne me mêle jamais, j'ai pu juger de mes yeux ce que pouvait le travail libre dans son action, et tranquille dans ses jouissances. Je me suis donc, non par tradition, mais par une expérience de quarante années, attaché au système qui demandait *liberté* et *sécurité* pour le travail. Aussi n'ai-je pas cessé un moment de faire des vœux pour que cette France, si heureusement douée, ne fût arrêtée dans son essor, ni par des entraves, ni par des injustices; et si aujourd'hui quelques hommes prévenus parvenaient à l'égarer sur mes sentiments et mes principes, j'en éprouverais une vive douleur sans doute; mais de même que j'ai su me passer de la faveur des gouvernements, je saurais, non pas me passer de son opinion, mais l'attendre.

FIN.

www.ingramcontent.com/pod-product-compliance
Ingram Content Group UK Ltd.
Pitfield, Milton Keynes, MK11 3LW, UK
UKHW020145220726
13923UKWH00001B/379

9 782019 279271